# Bellezas de la Naturaleza 2

## IMÁGENES PARA COLOREAR

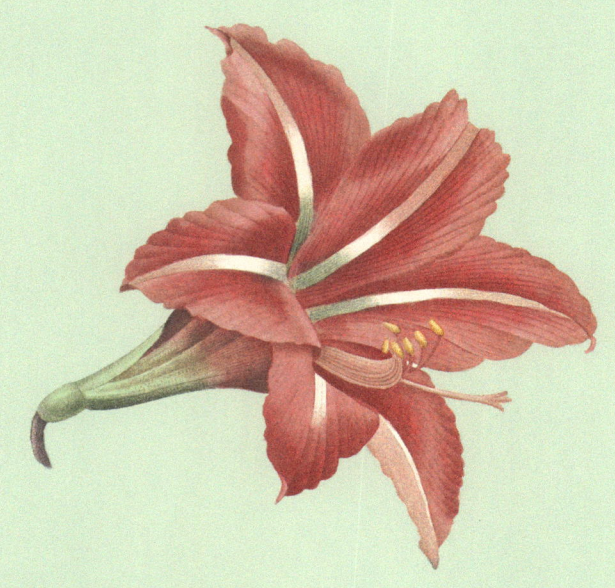

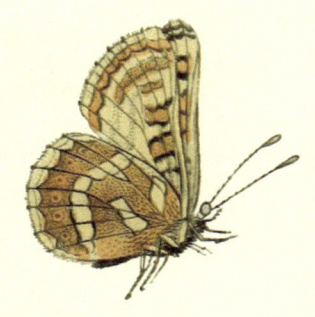

# Bellezas de la Naturaleza 2

## IMÁGENES PARA COLOREAR

con láminas originales

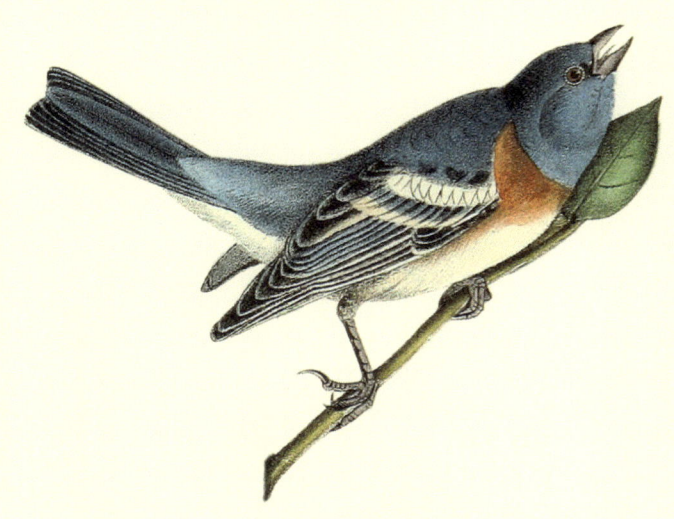

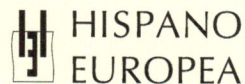

HISPANO
EUROPEA

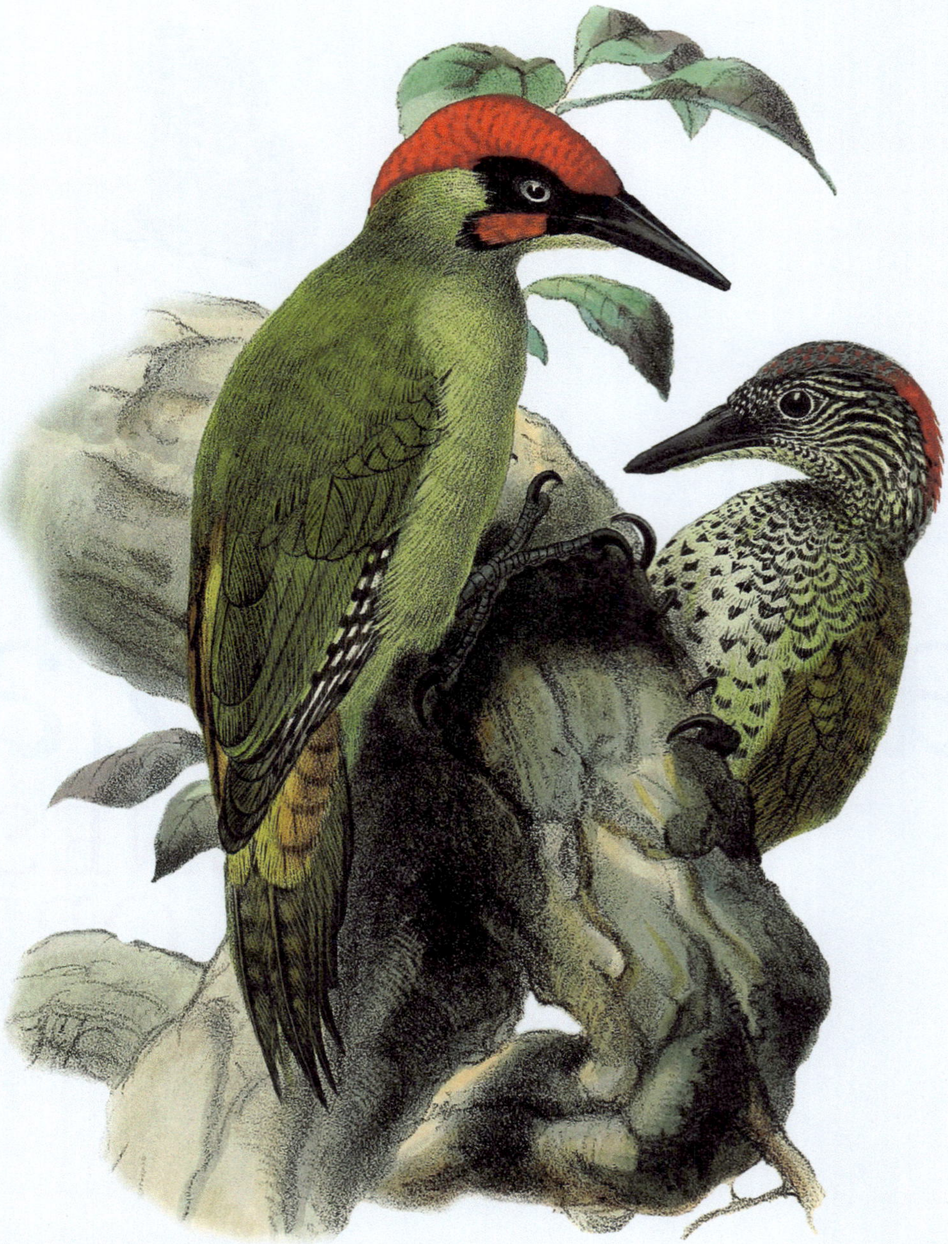

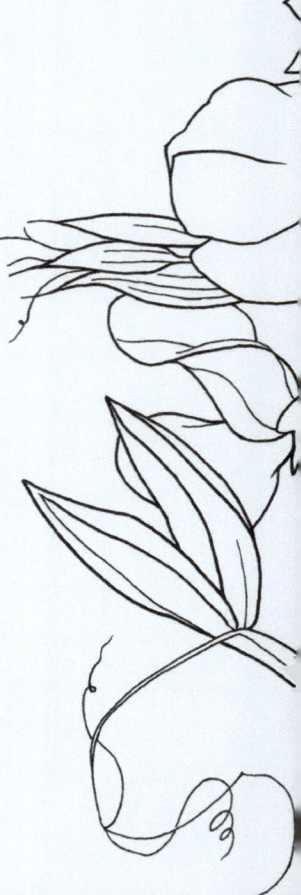

Título de la edición original: The Beauties of Nature

Copyright © Arcturus Holdings Limited
26/27 Bickels Yard, 151–153 Bermondsey Street,
London SE1 3HA

© de la edición en castellano, 2023:
Editorial Hispano Europea, S. A.
E-mail: hispanoeuropea@hispanoeuropea.com

Depósito Legal: B 8515-2023
ISBN: 978-84-255-2152-2

Consulte nuestra web:
www.hispanoeuropea.com

Impreso en España

# INTRODUCCIÓN

Las imágenes del mundo natural siempre han fascinado
a las personas, no solo a los expertos, sino también
a aquellos de nosotros que simplemente admiramos
su belleza. Los pájaros, las mariposas, las flores y los
peces son temas maravillosos para pintar y dibujar, pero
pueden ser difíciles si no eres un artista experimentado.
Una manera fácil de practicar tus habilidades artísticas
es colorear, lo que puede recompensarte rápidamente
con un resultado agradable. Y no hay mejor forma de
aprender arte que copiando la obra de un maestro.

En los días anteriores a la fotografía, las pinturas
precisas y detalladas eran la única forma de
proporcionar un registro visual de una especie.
Las láminas de este libro se han tomado de
una variedad de fuentes
históricas. Las flores
proceden de *Choix des Plus Belles Fleurs* de Pierre-Joseph
Redouté, publicado en 1827. Los pájaros proceden de
dos fuentes: *A History of the Birds of Europe* (1871) de S.E.
Dresser, y *The Birds of America* (1840–1844) de John T.
Bowen y John James Audubon. Para las mariposas y los peces,
recurrimos a *The Naturalist's Library*, que fue editada por el
gran naturalista escocés Sir William Jardine (1800–1874). Las
ilustraciones fueron grabadas por William Lizars (1788–1859).

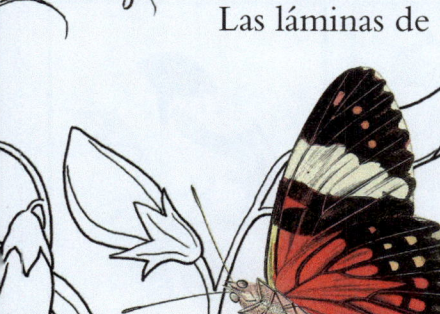

La elección de los materiales artísticos que puedes usar
para colorear es muy amplia: los lápices de colores
a base de aceite, a base de cera o solubles en agua
dan excelentes resultados. Puedes usarlos secos,
difuminándolos con los dedos o con un muñón
de papel, o diluirlos con aceite, o agua para los
lápices hidrosolubles. Sea cual sea el medio que
elijas, disfrutarás muchas horas coloreando estas
bellezas de la Naturaleza.

# Lista de láminas

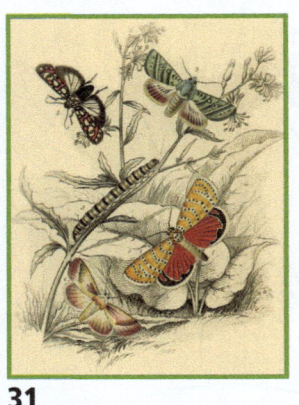

31

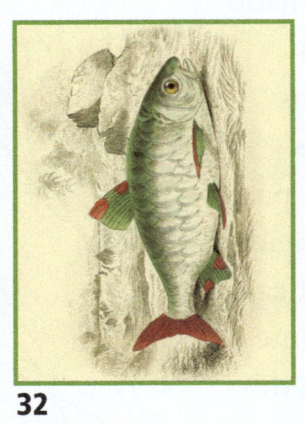

32

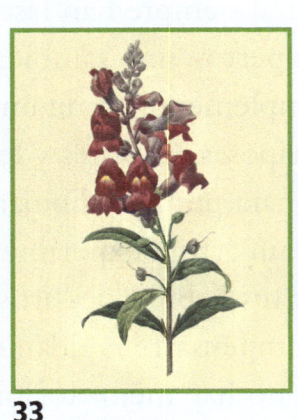

33

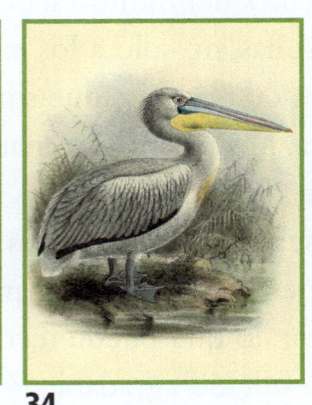

34

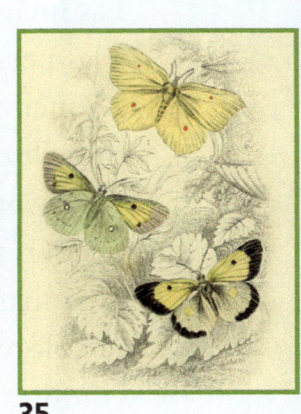

35

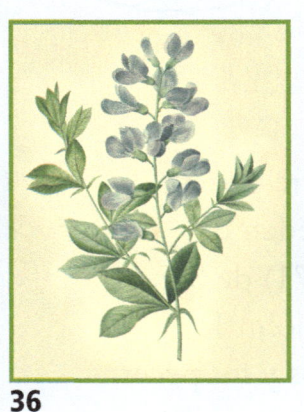

36

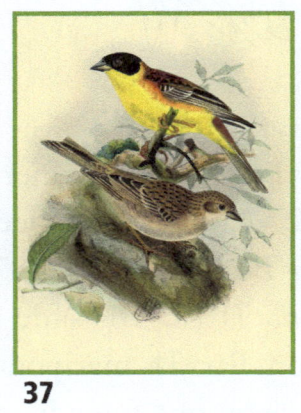

37

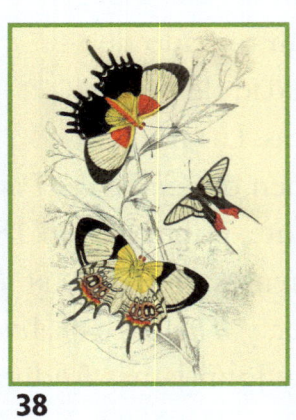

38

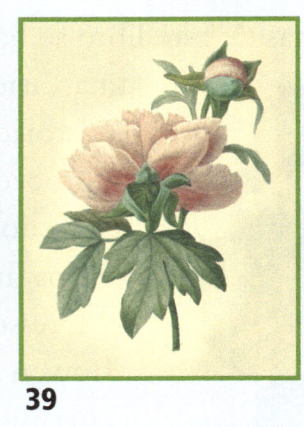

39

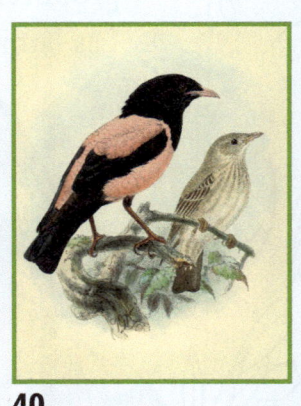

40

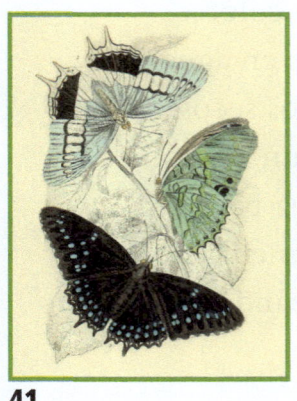

41

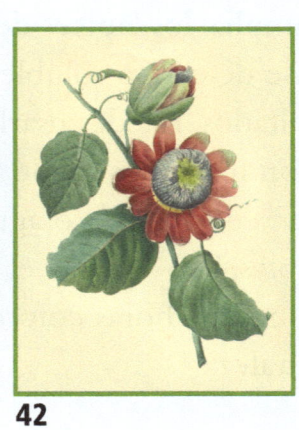

42

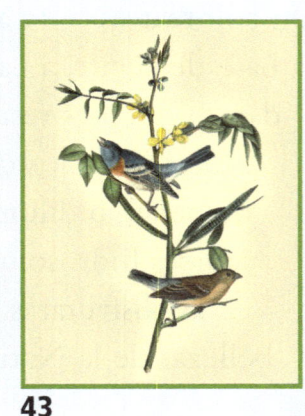

43

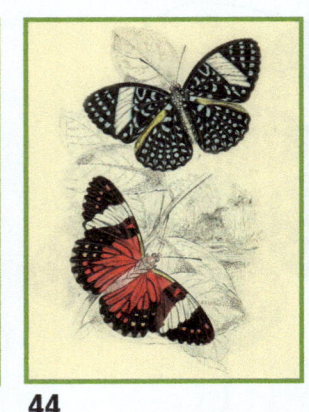

44

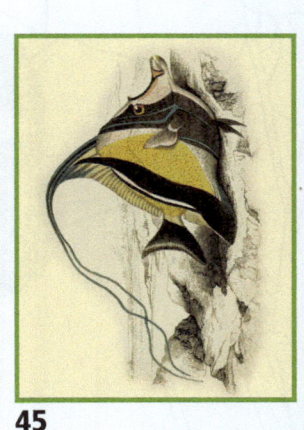

45

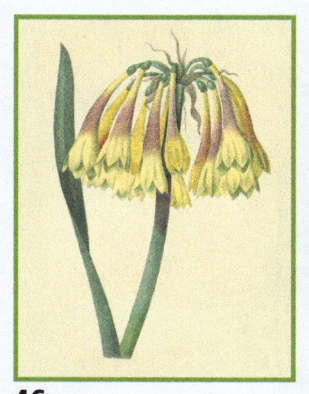

**46**

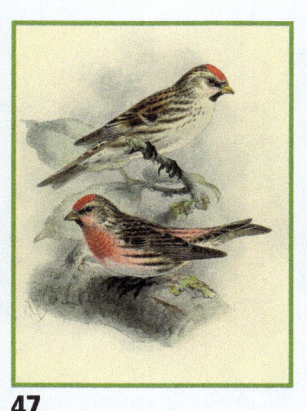

**47**

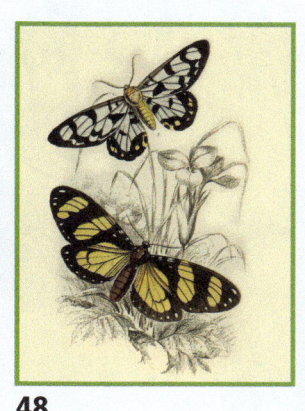

**48**

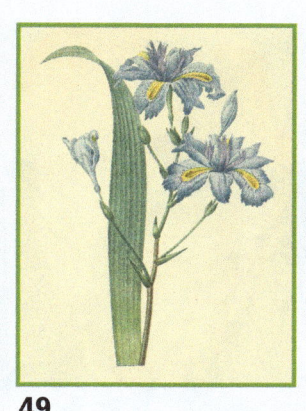

**49**

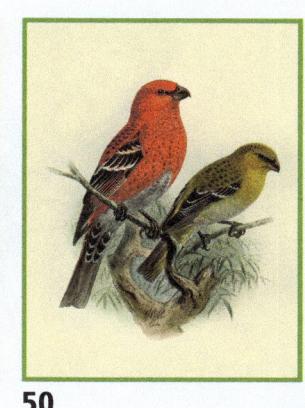

**50**

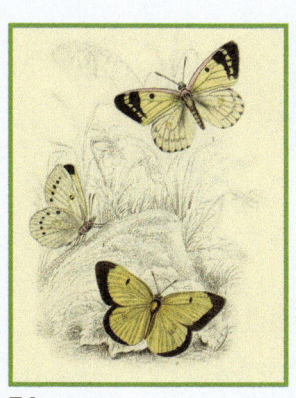

**51**

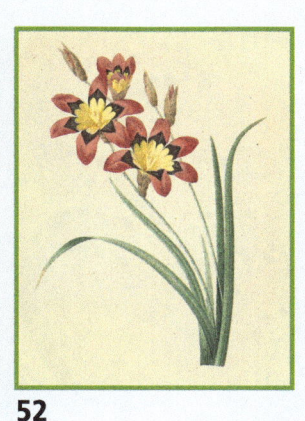

**52**

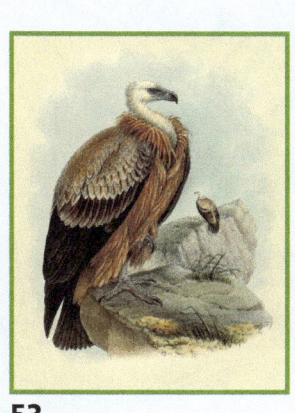

**53**

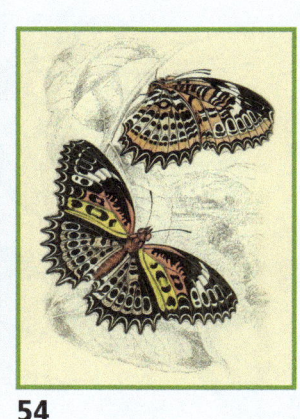

**54**

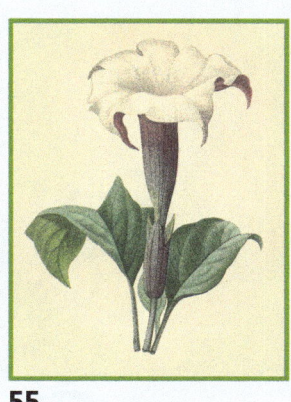

**55**

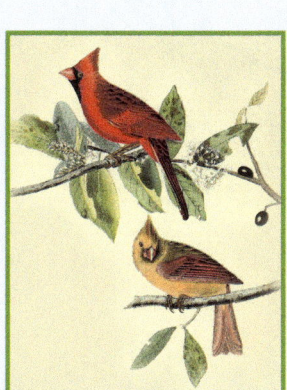

**56**

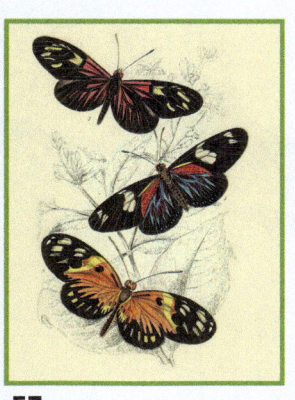

**57**

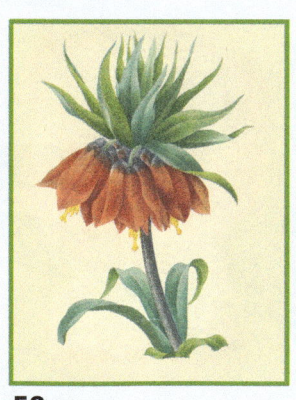

**58**

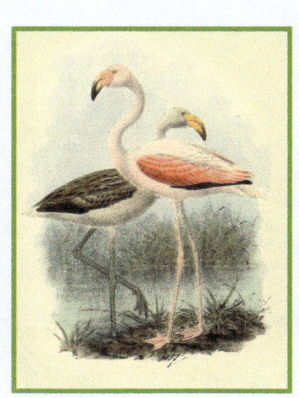

**59**

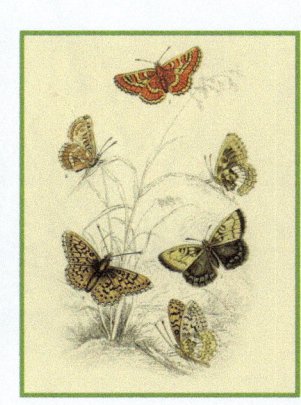

**60**

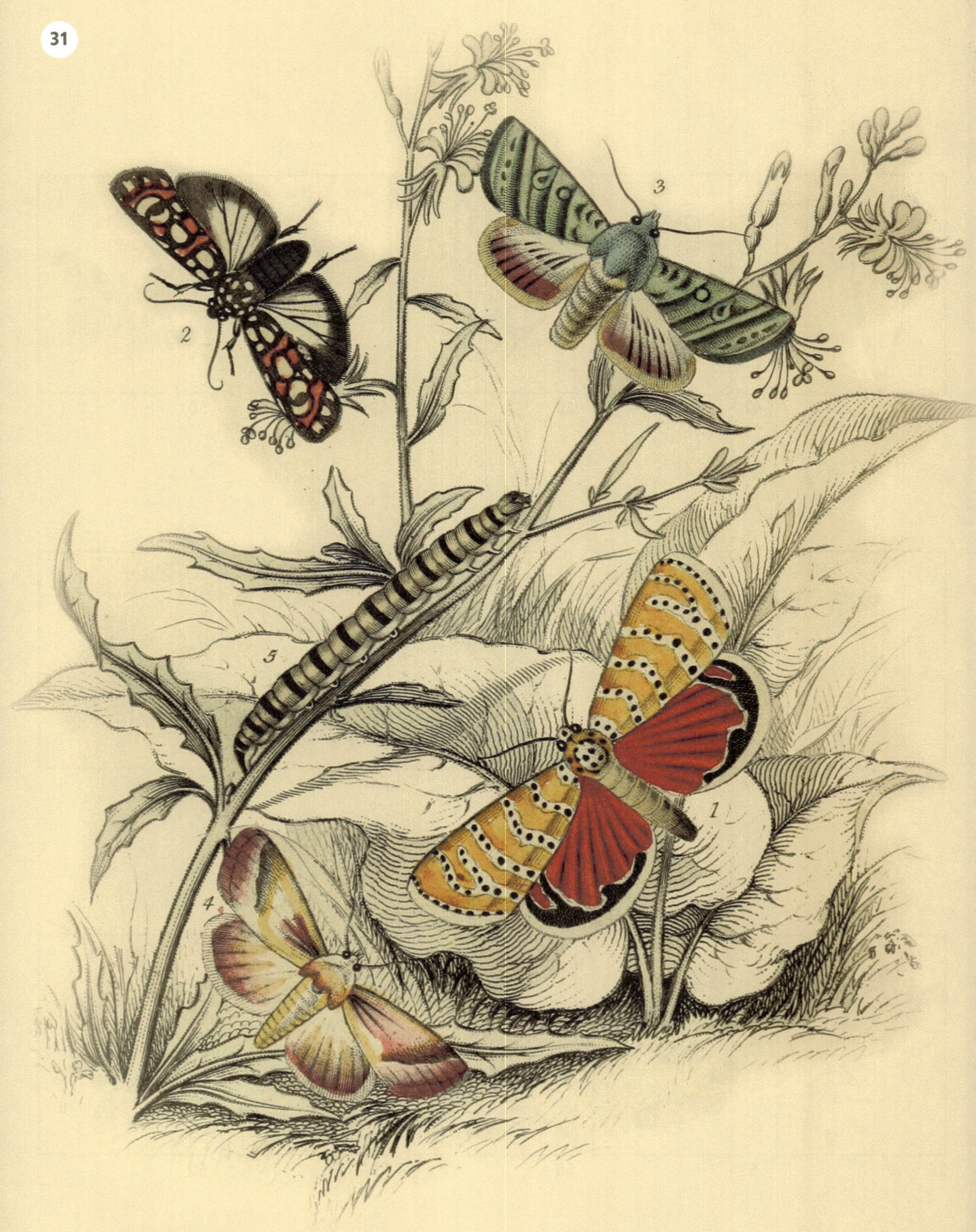

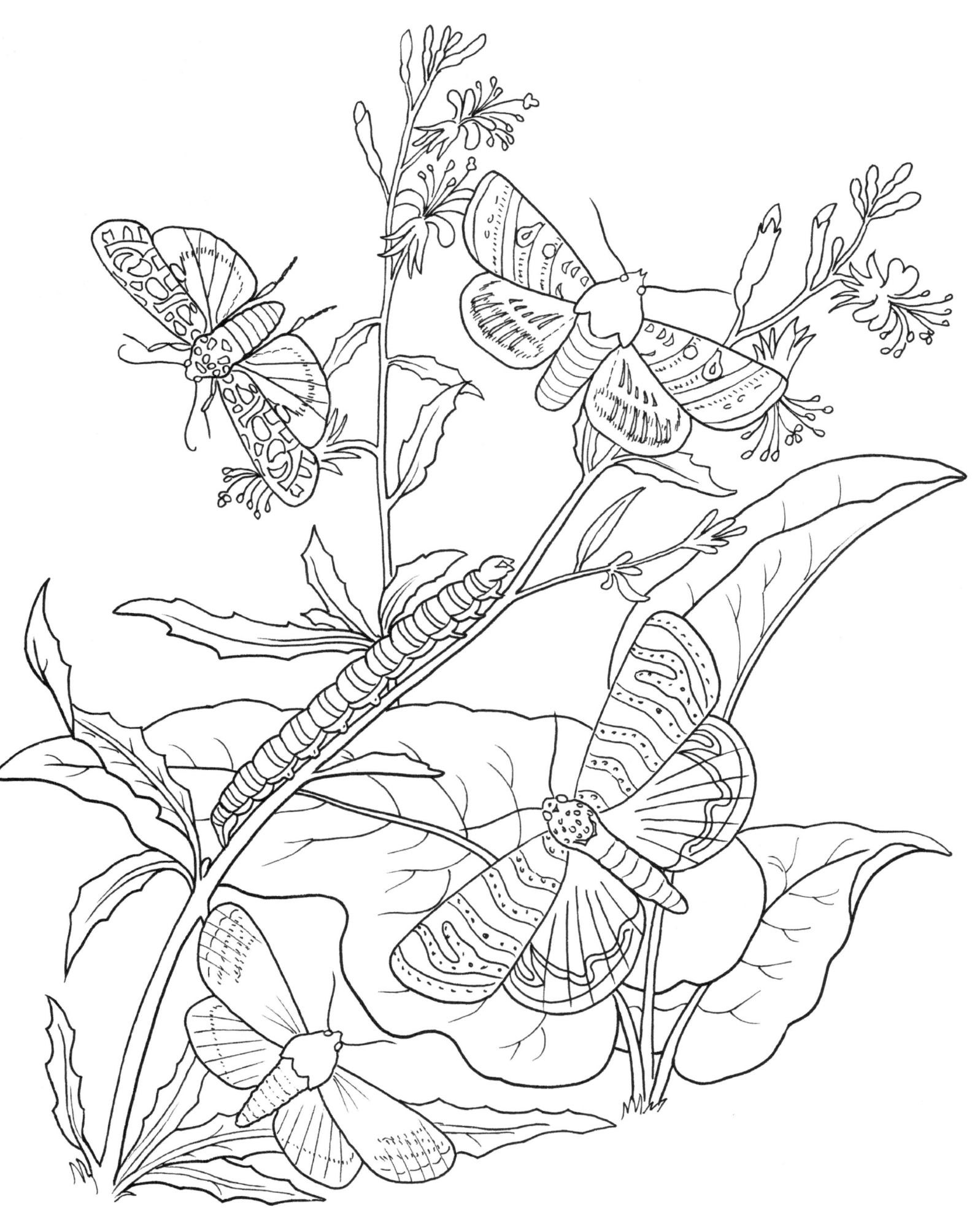

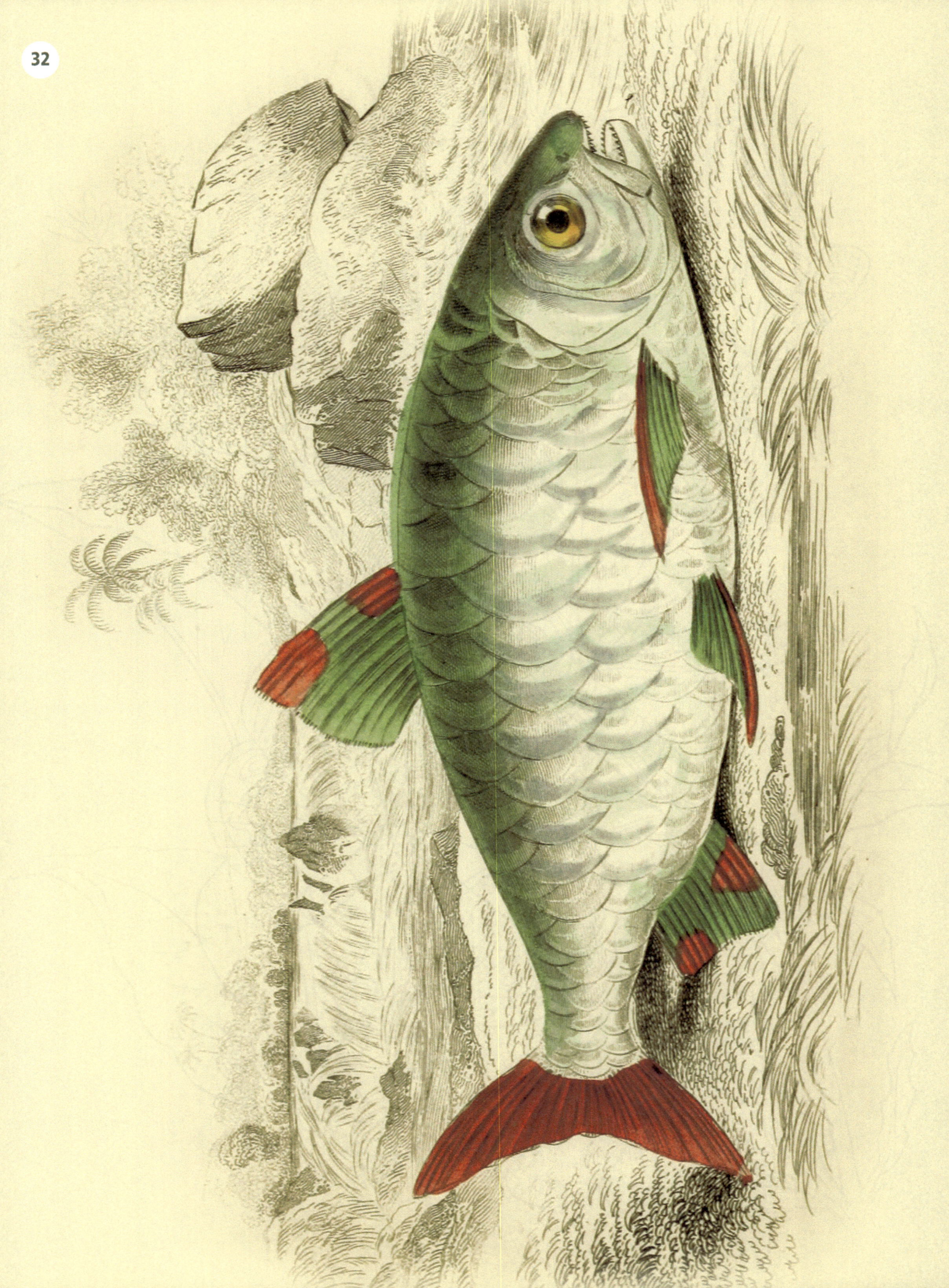

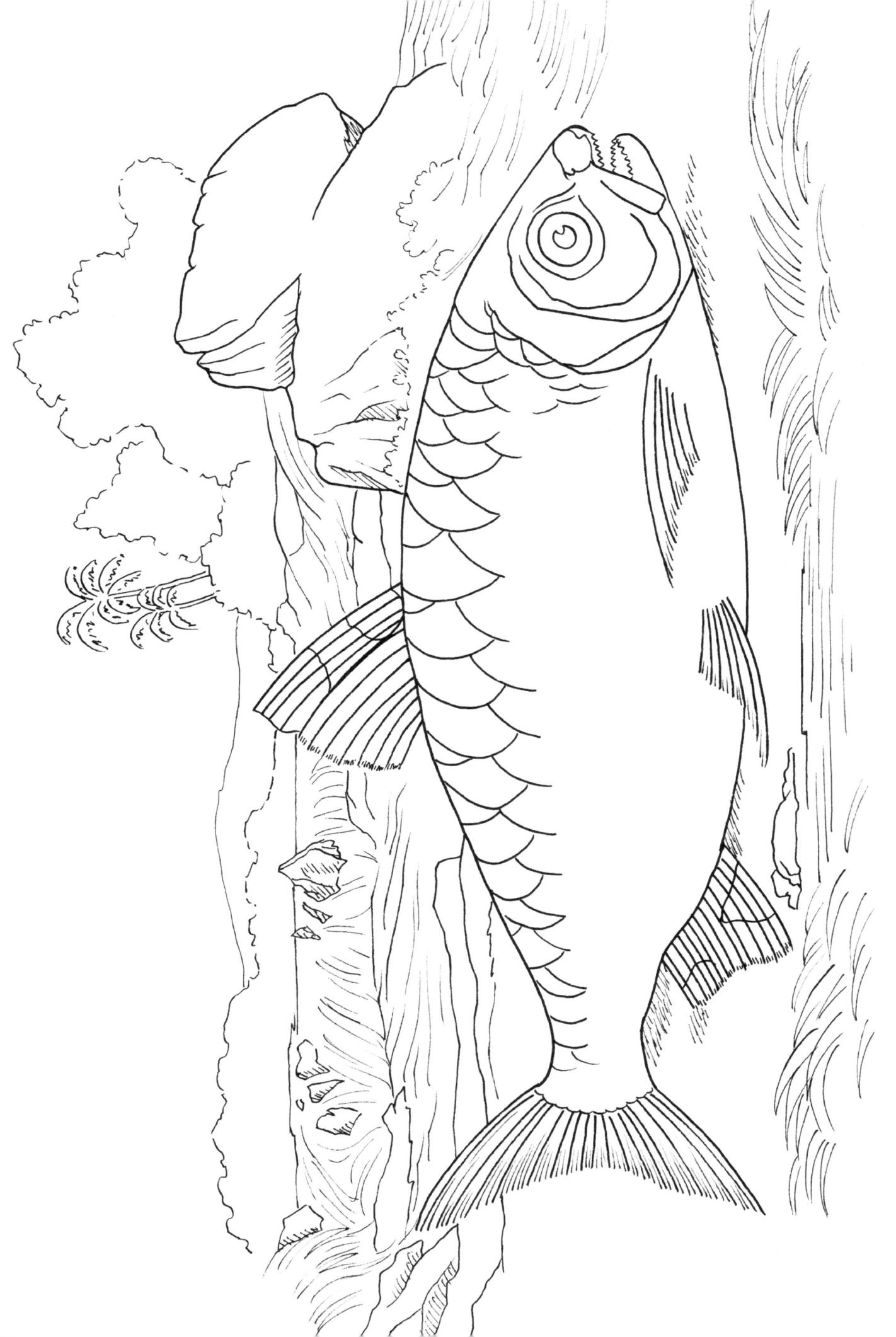

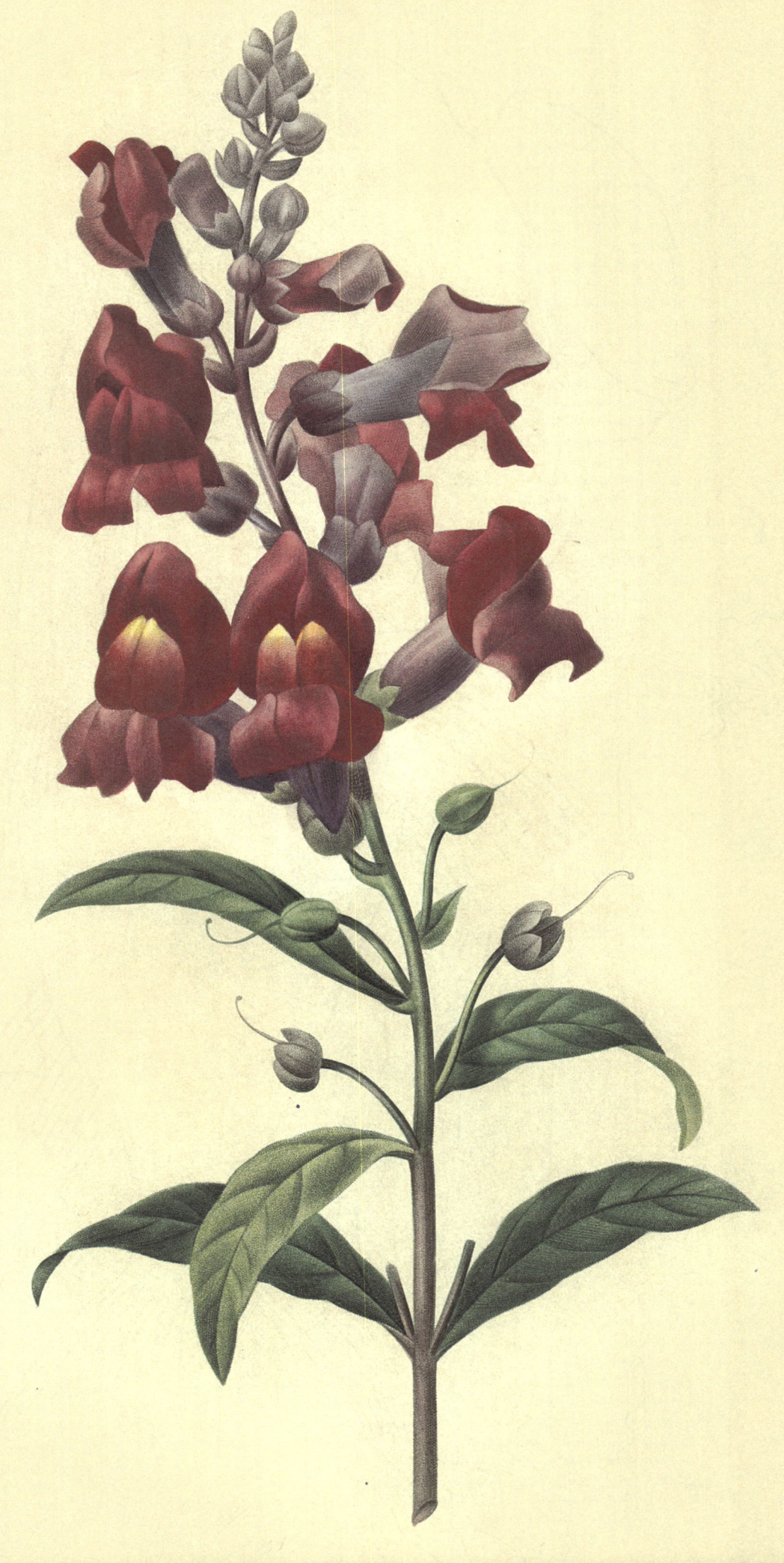

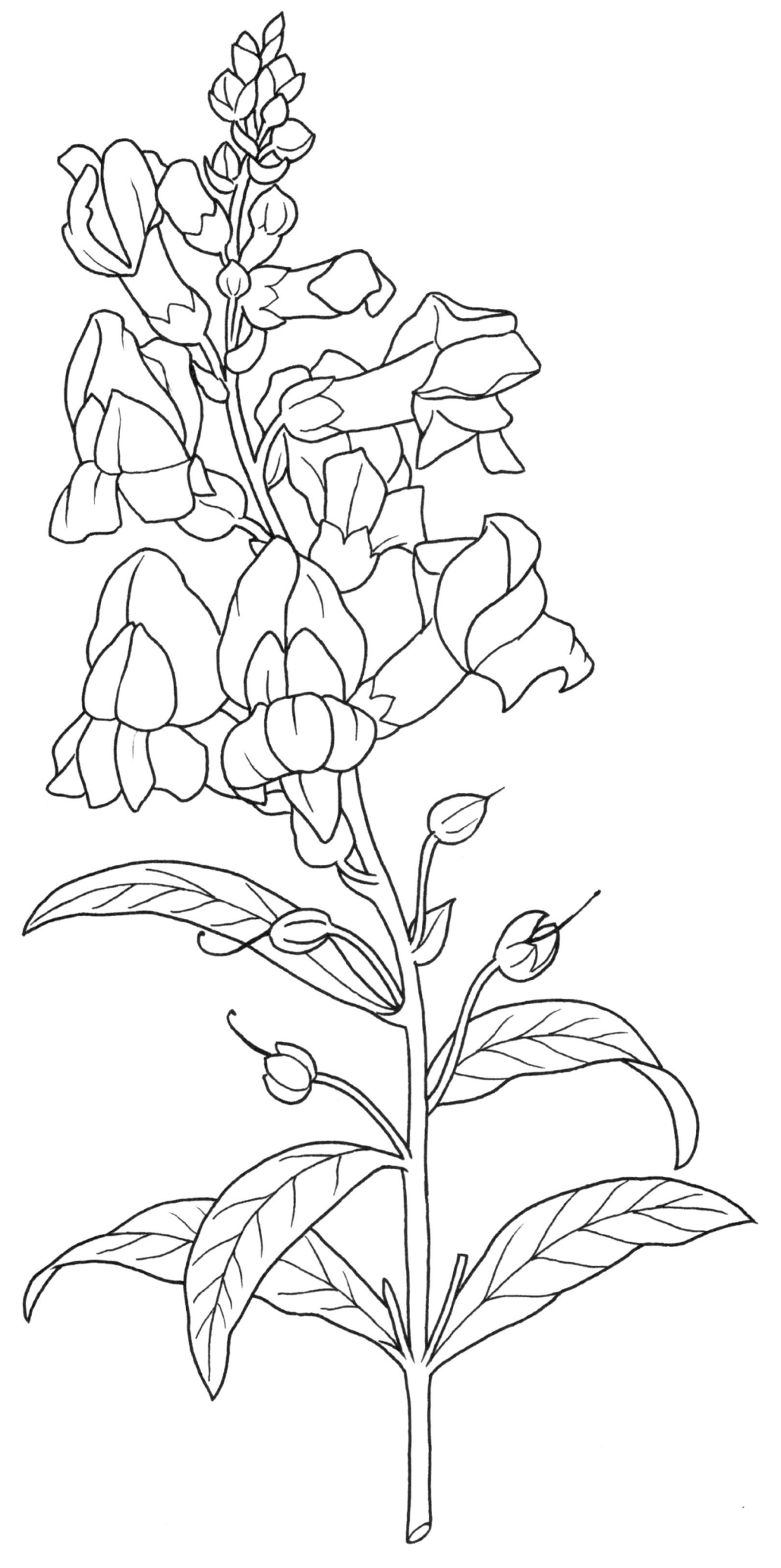

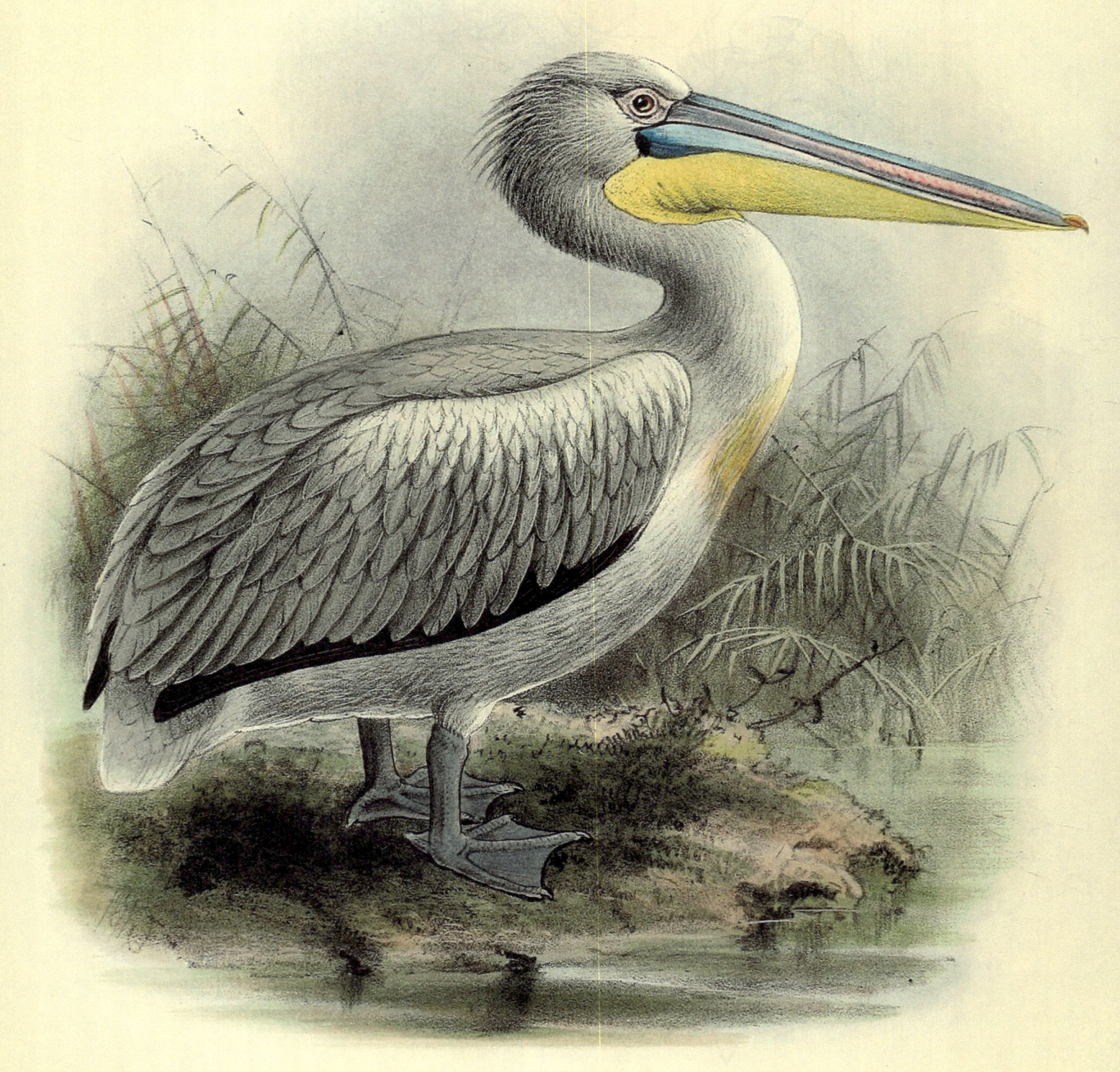

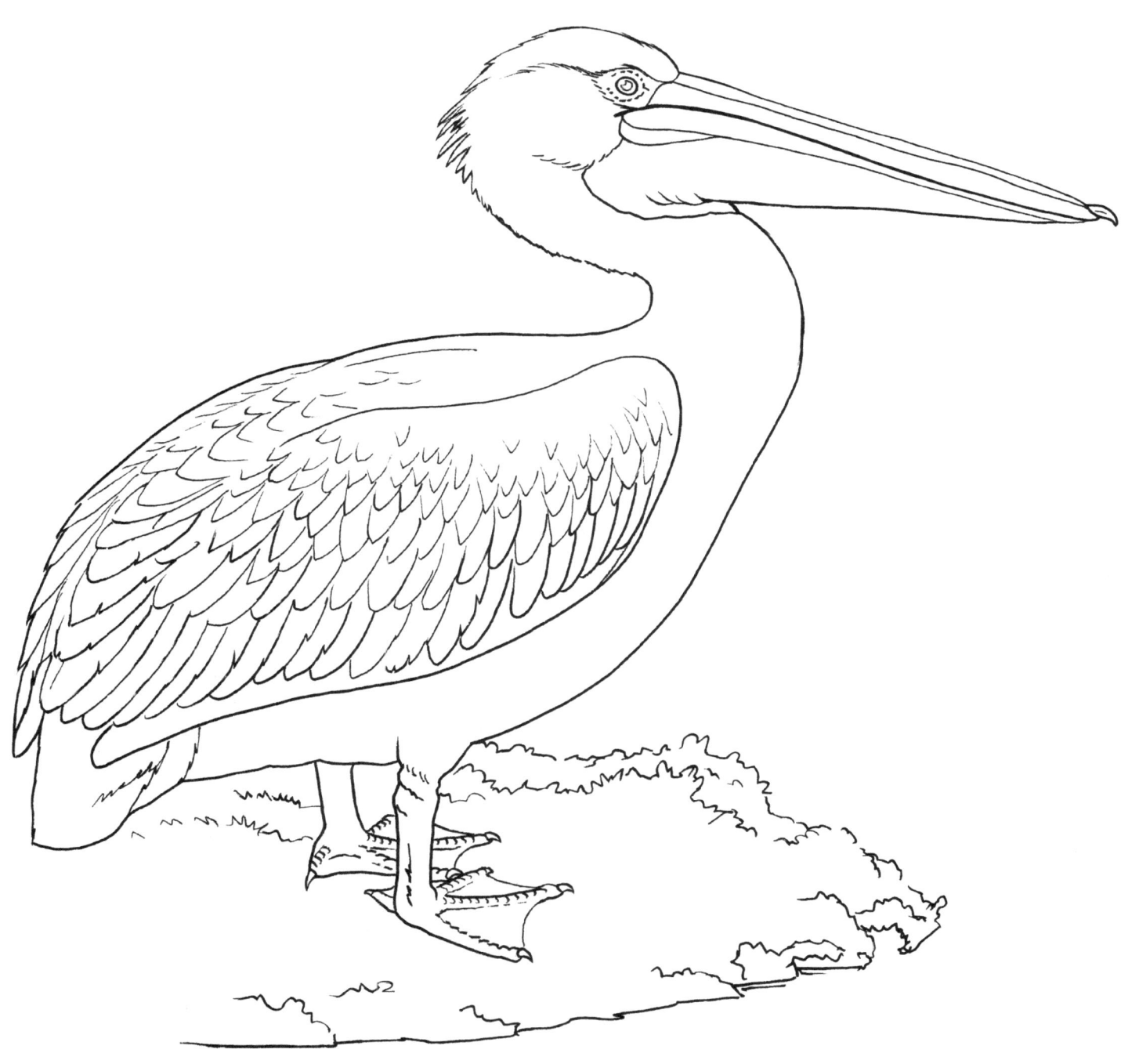

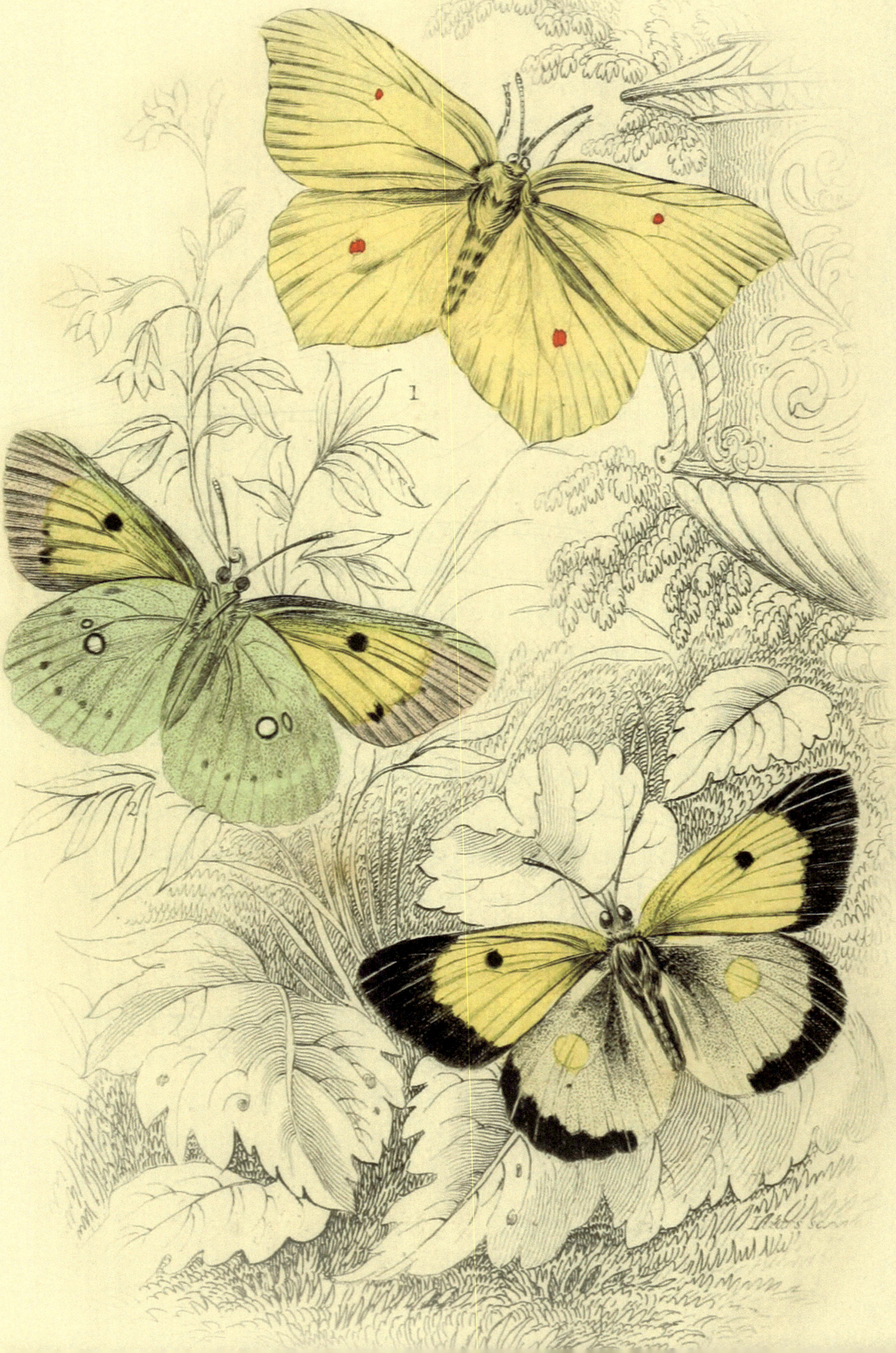
1

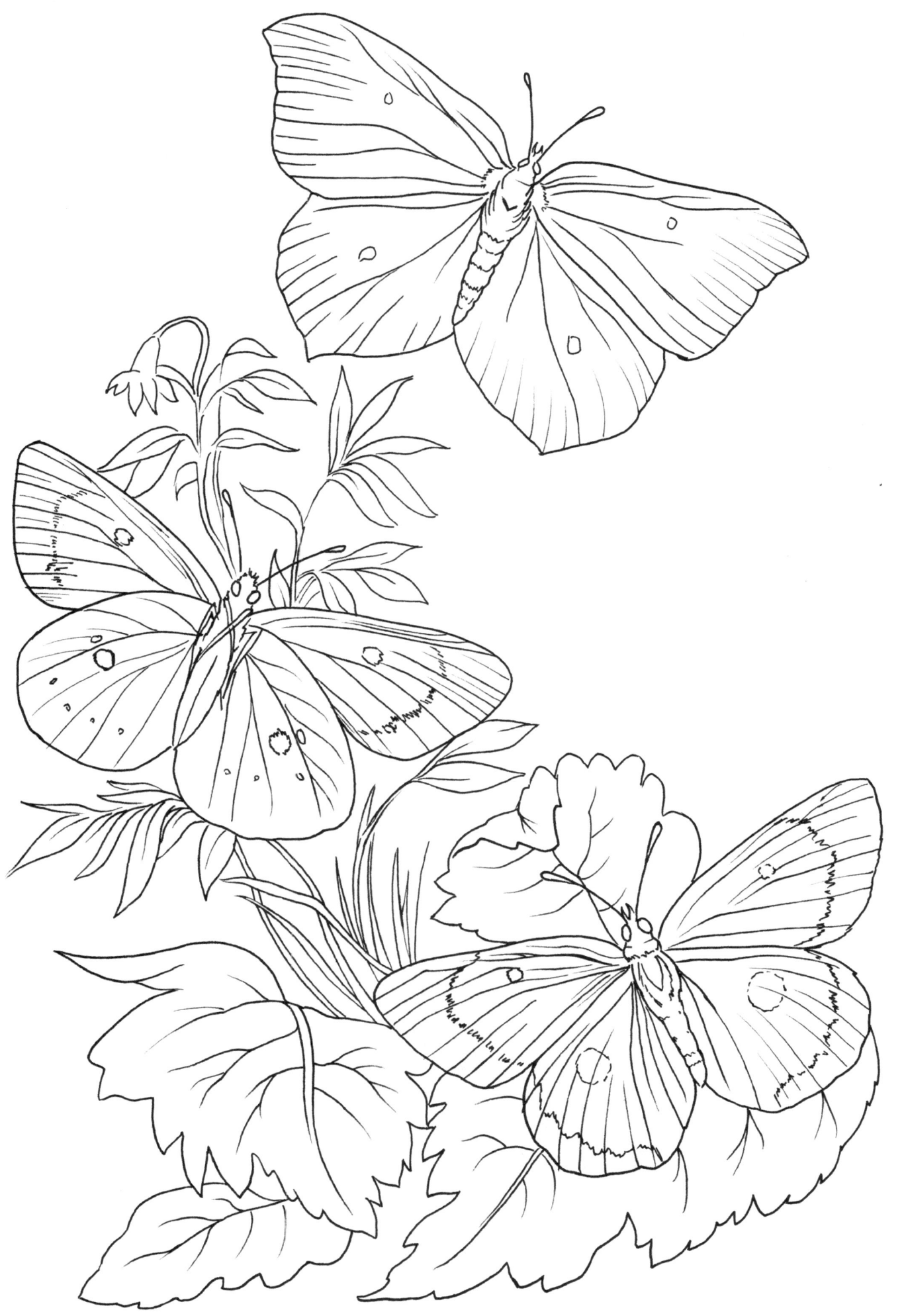

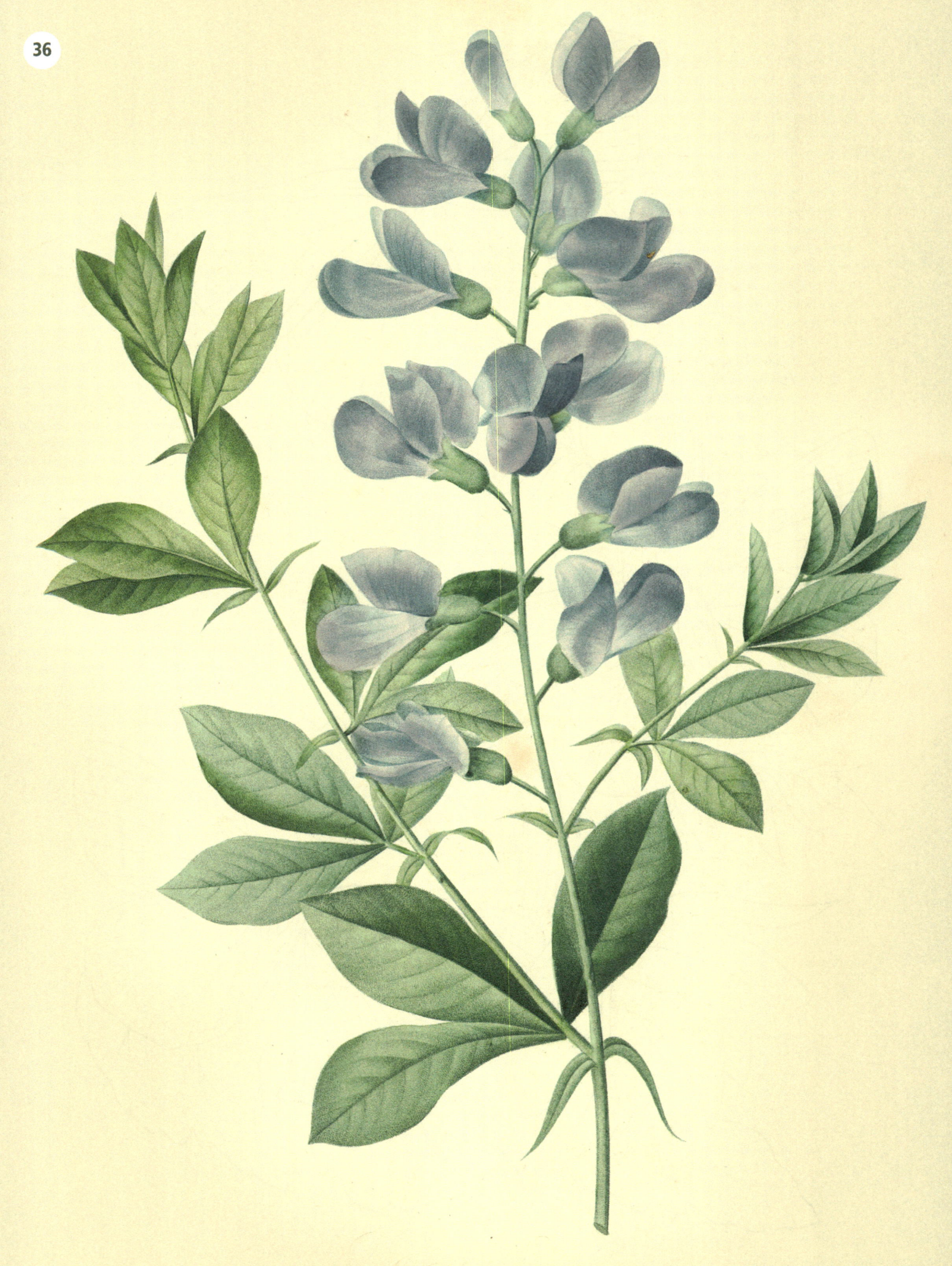

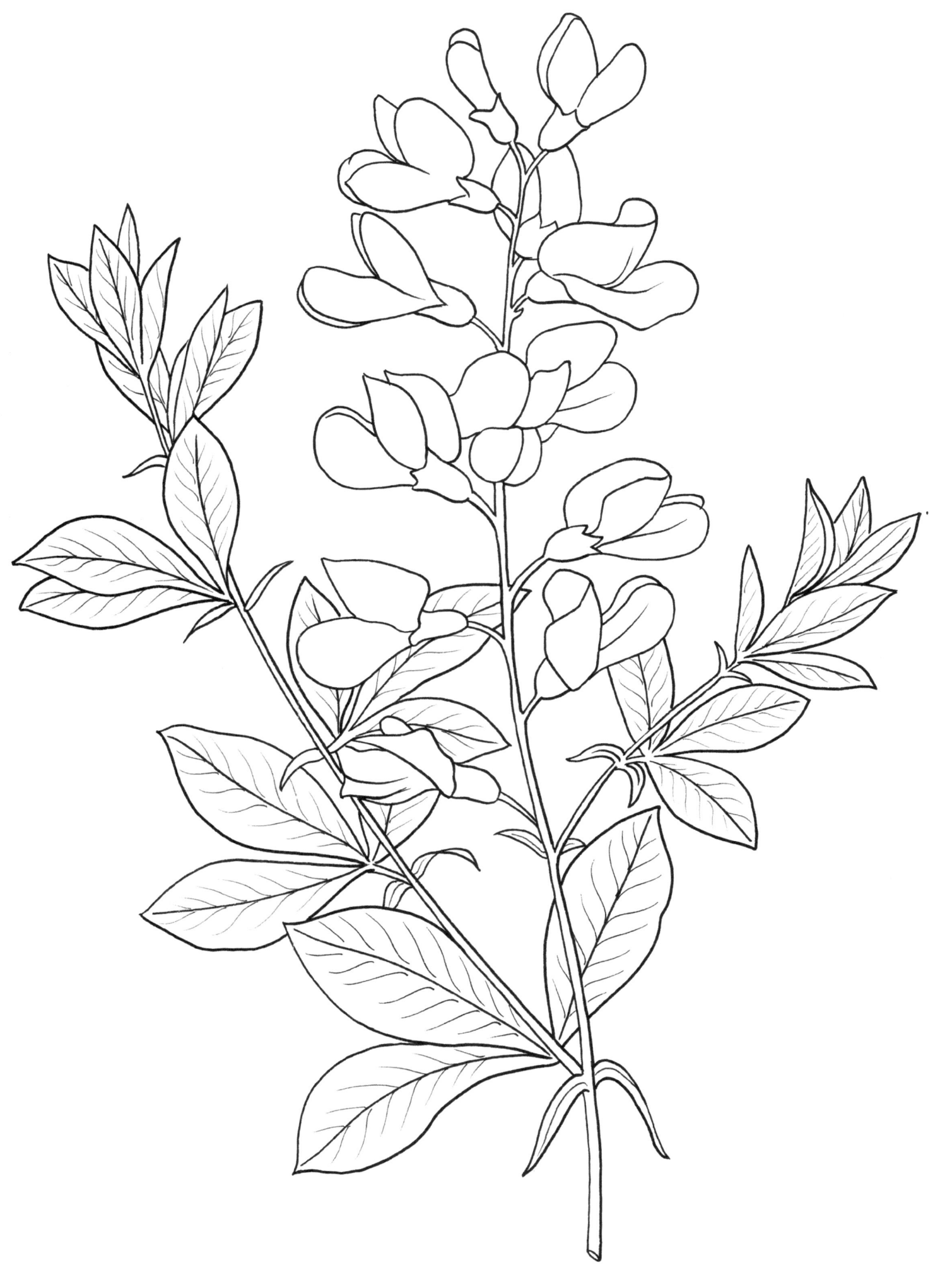

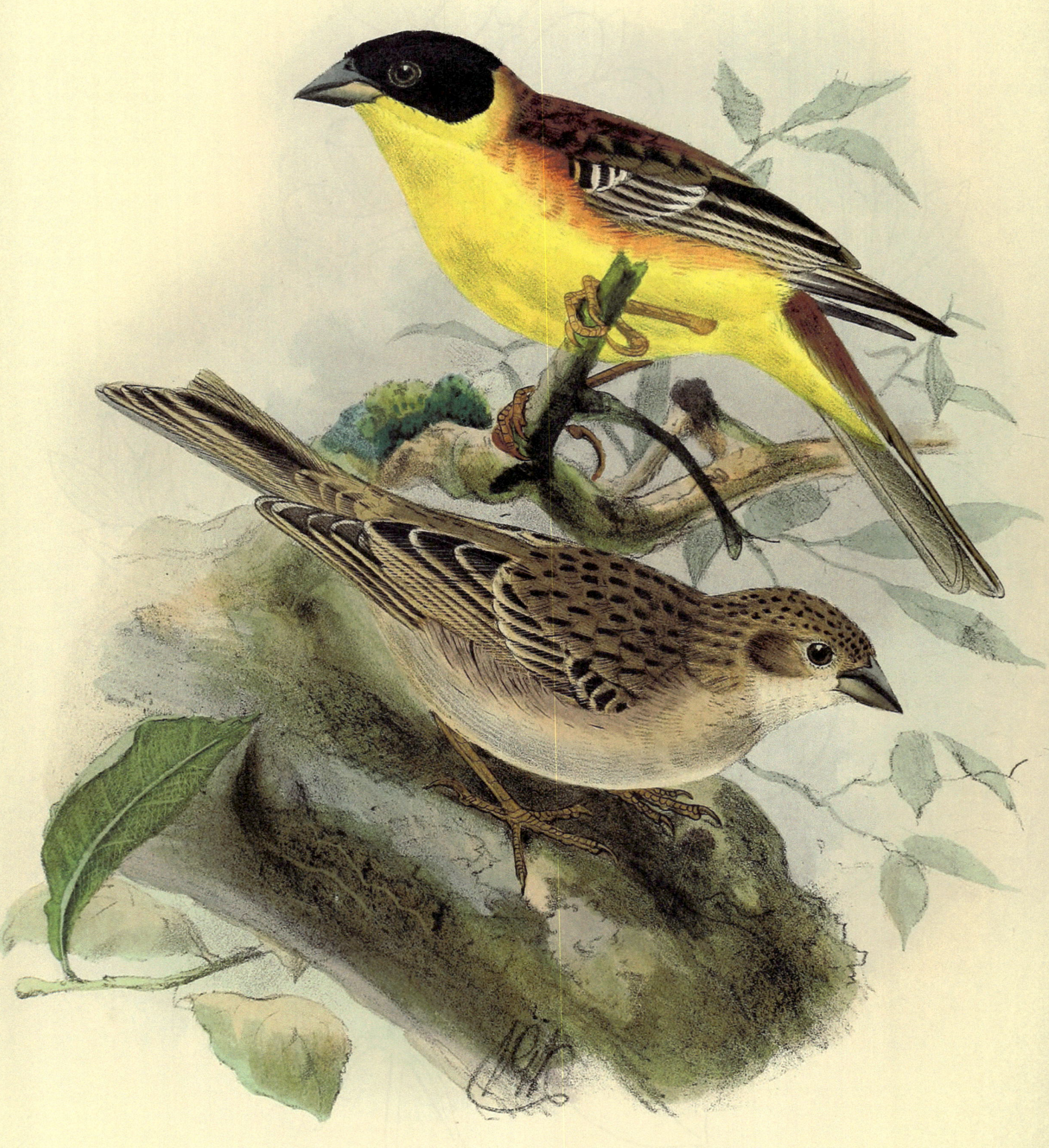

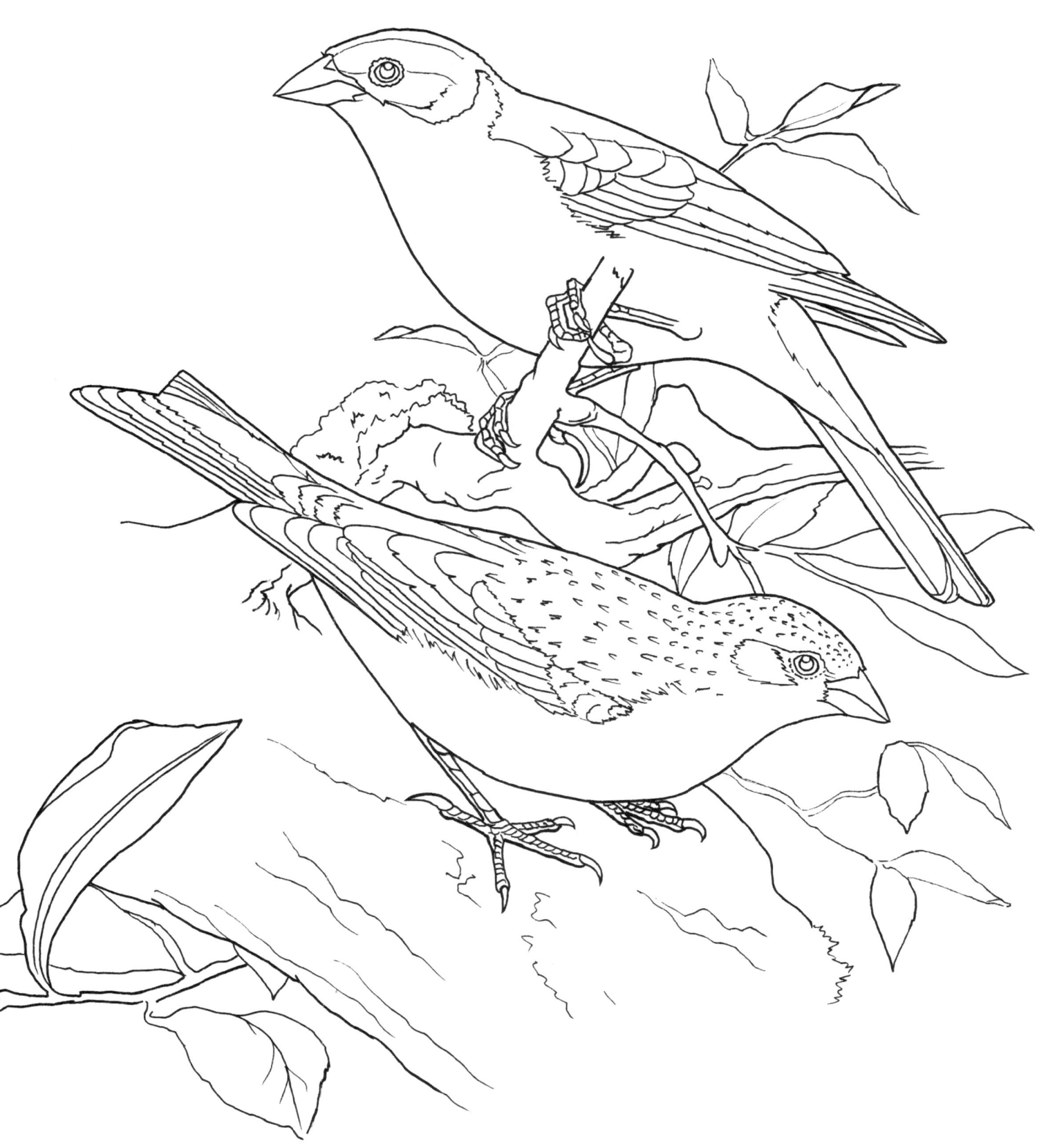

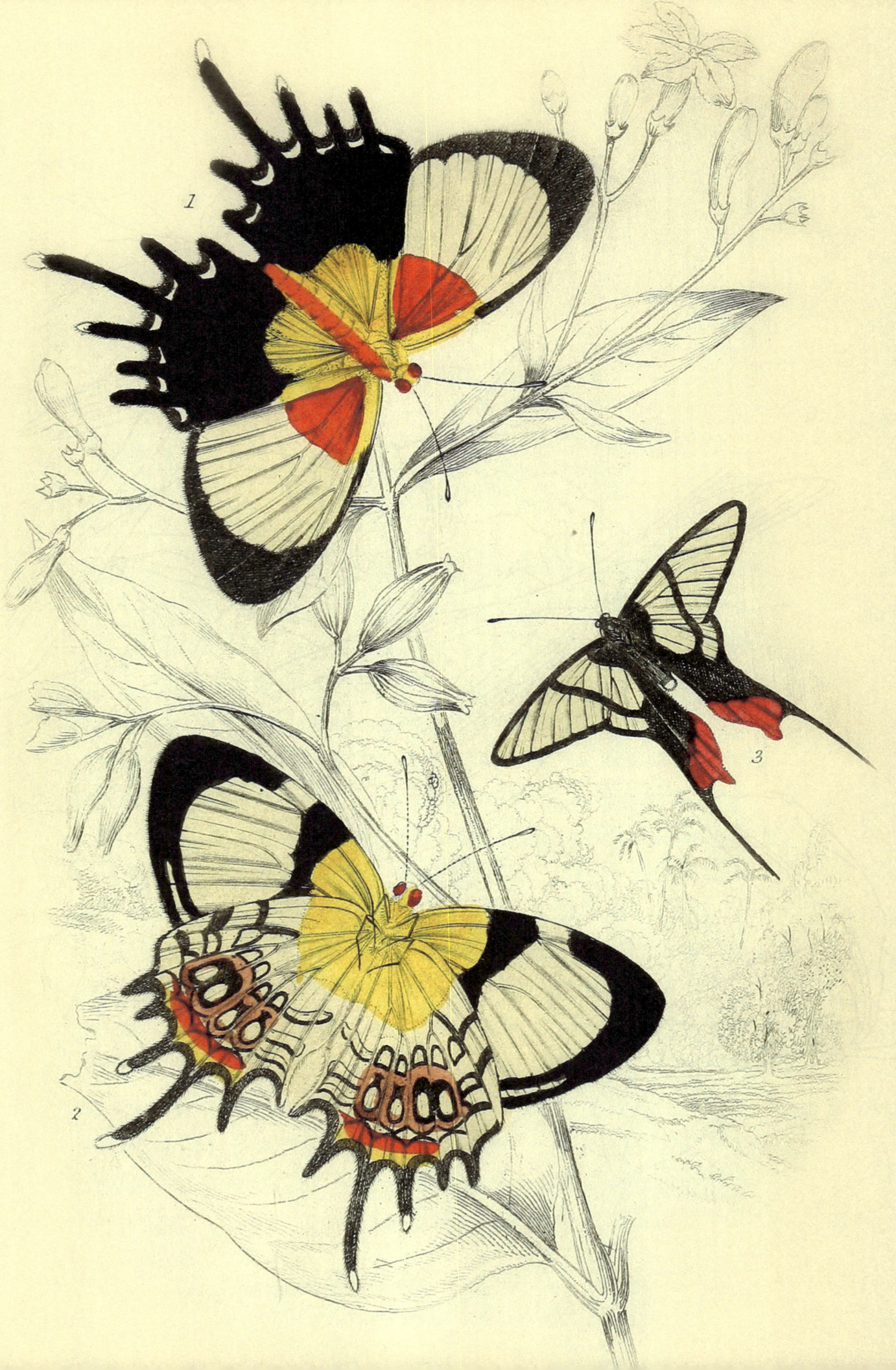

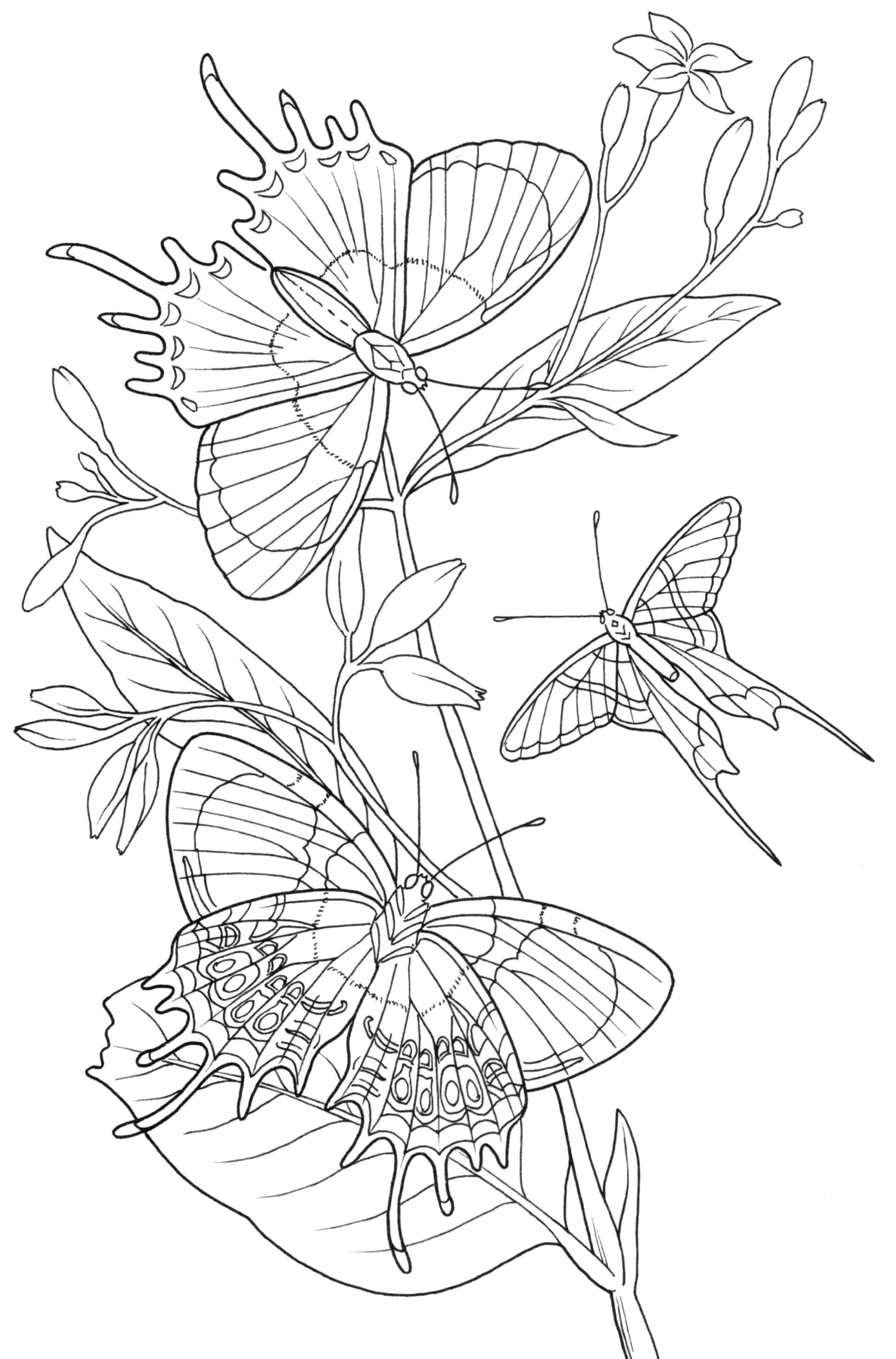

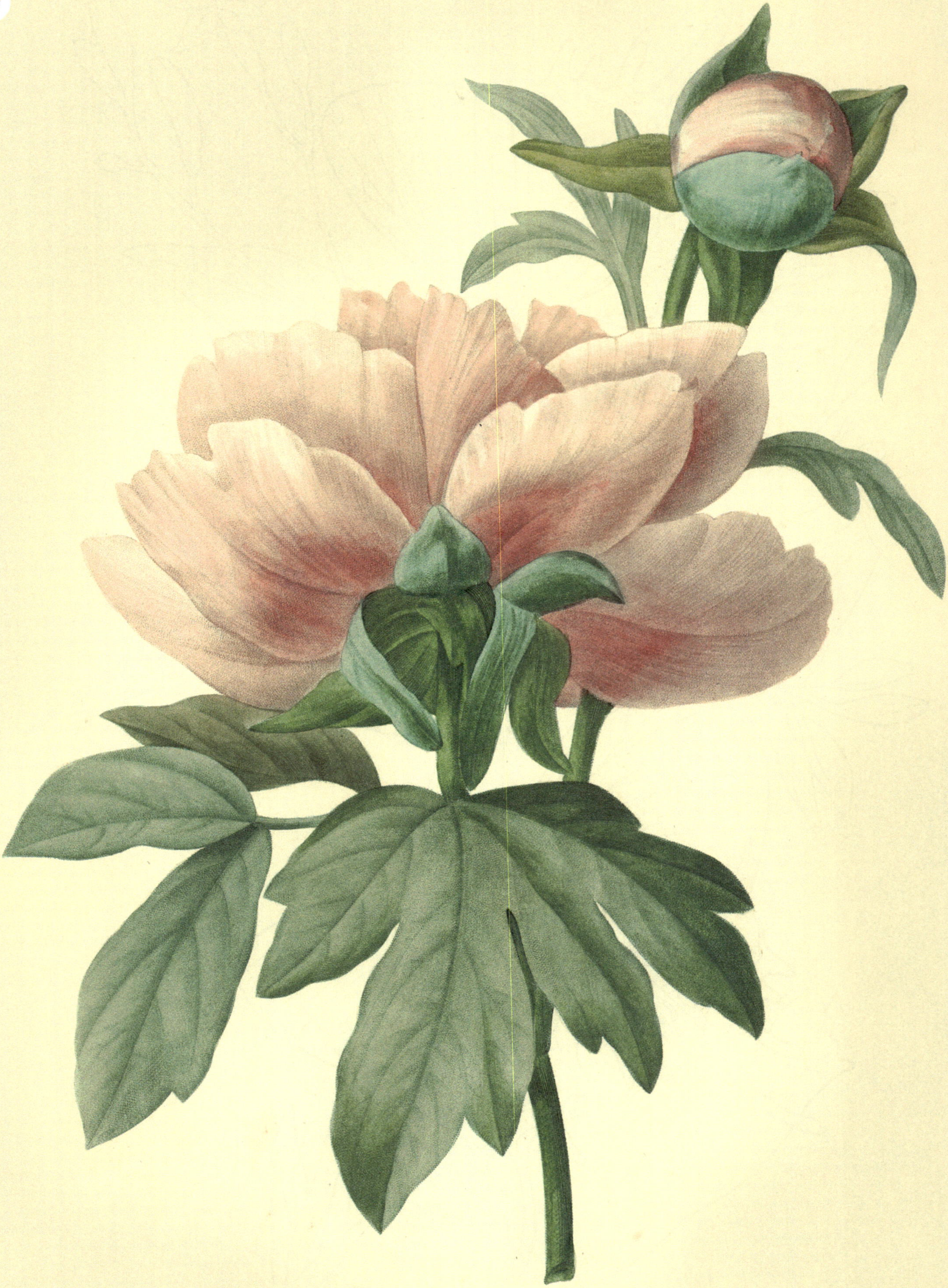

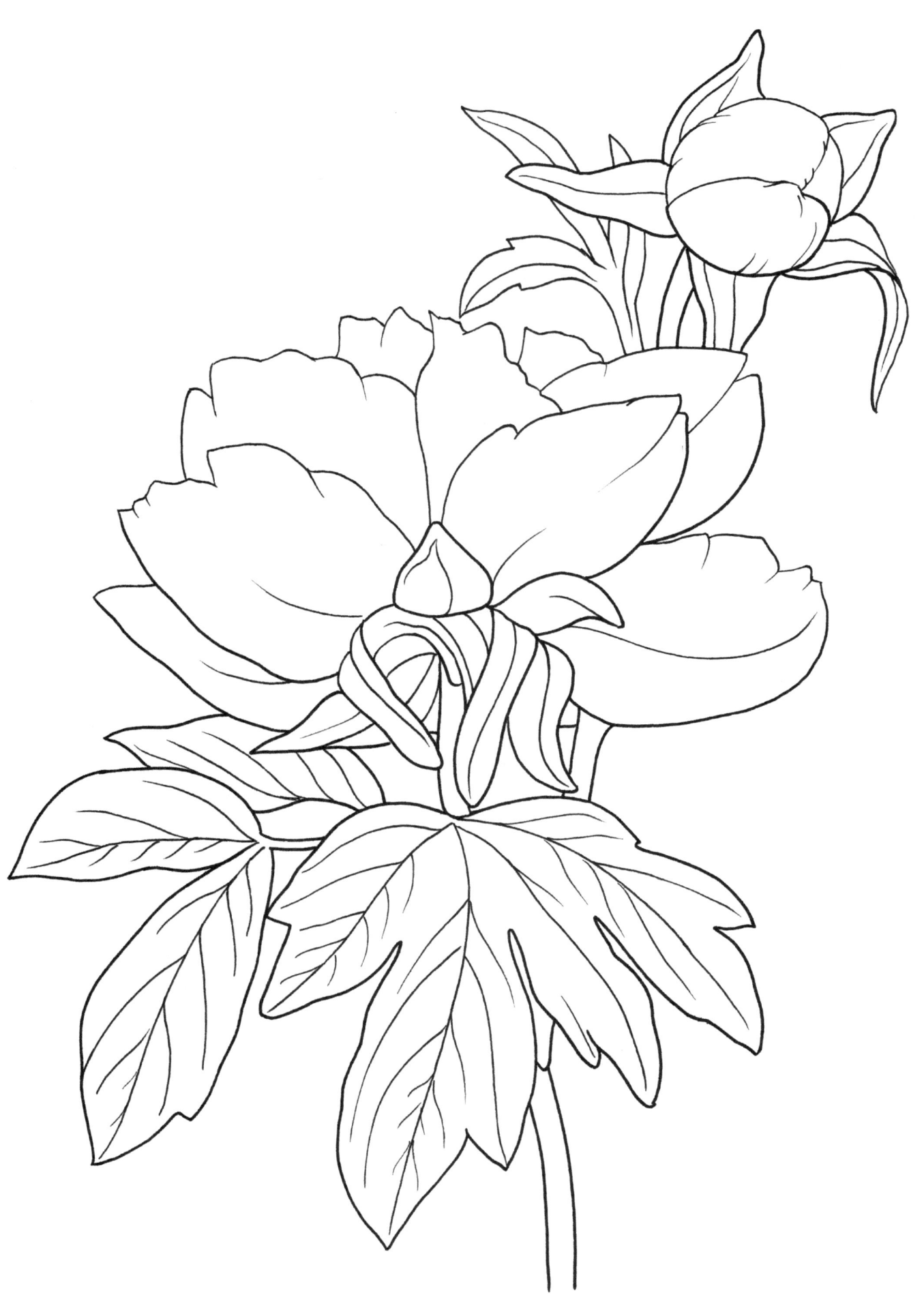

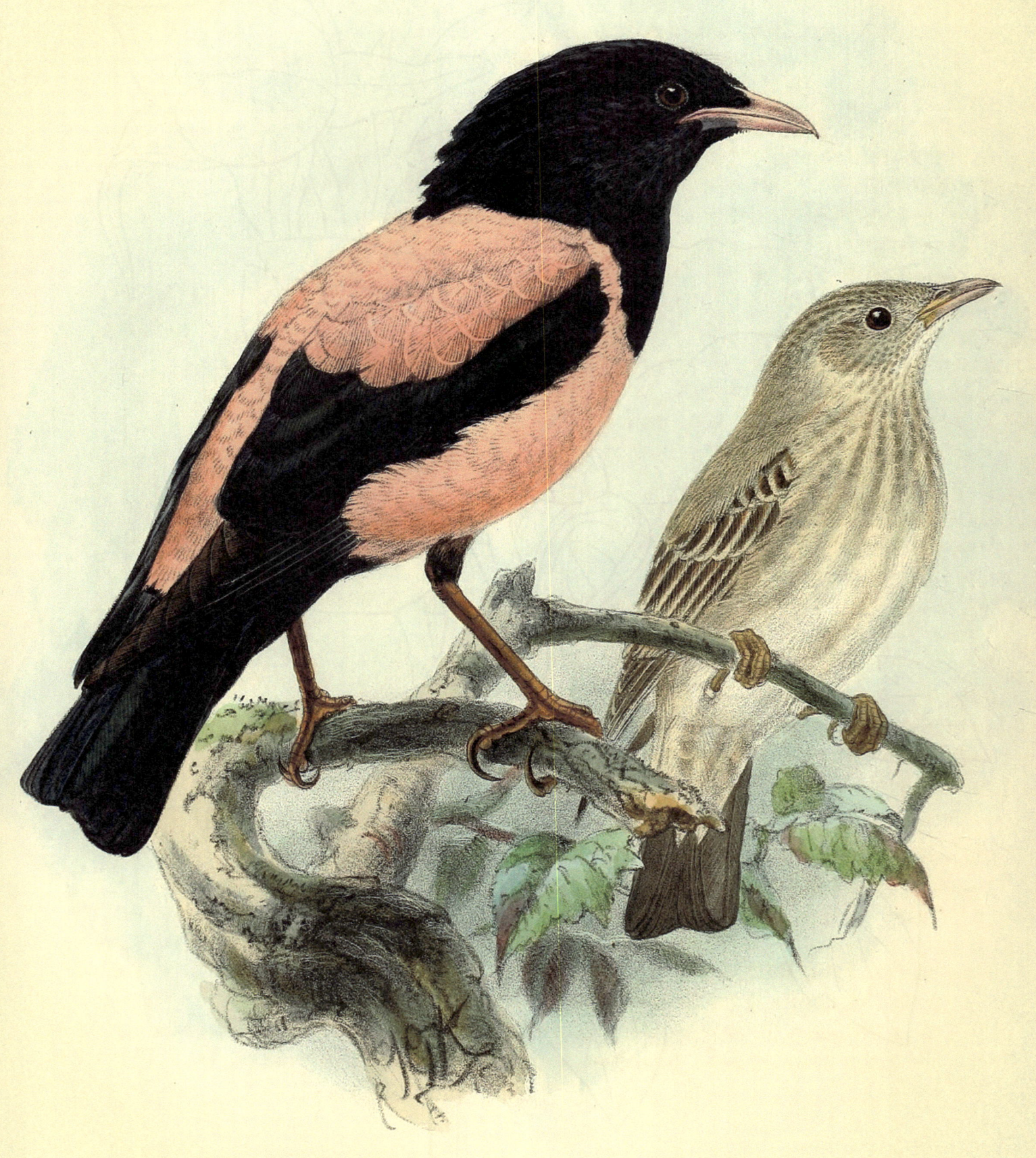

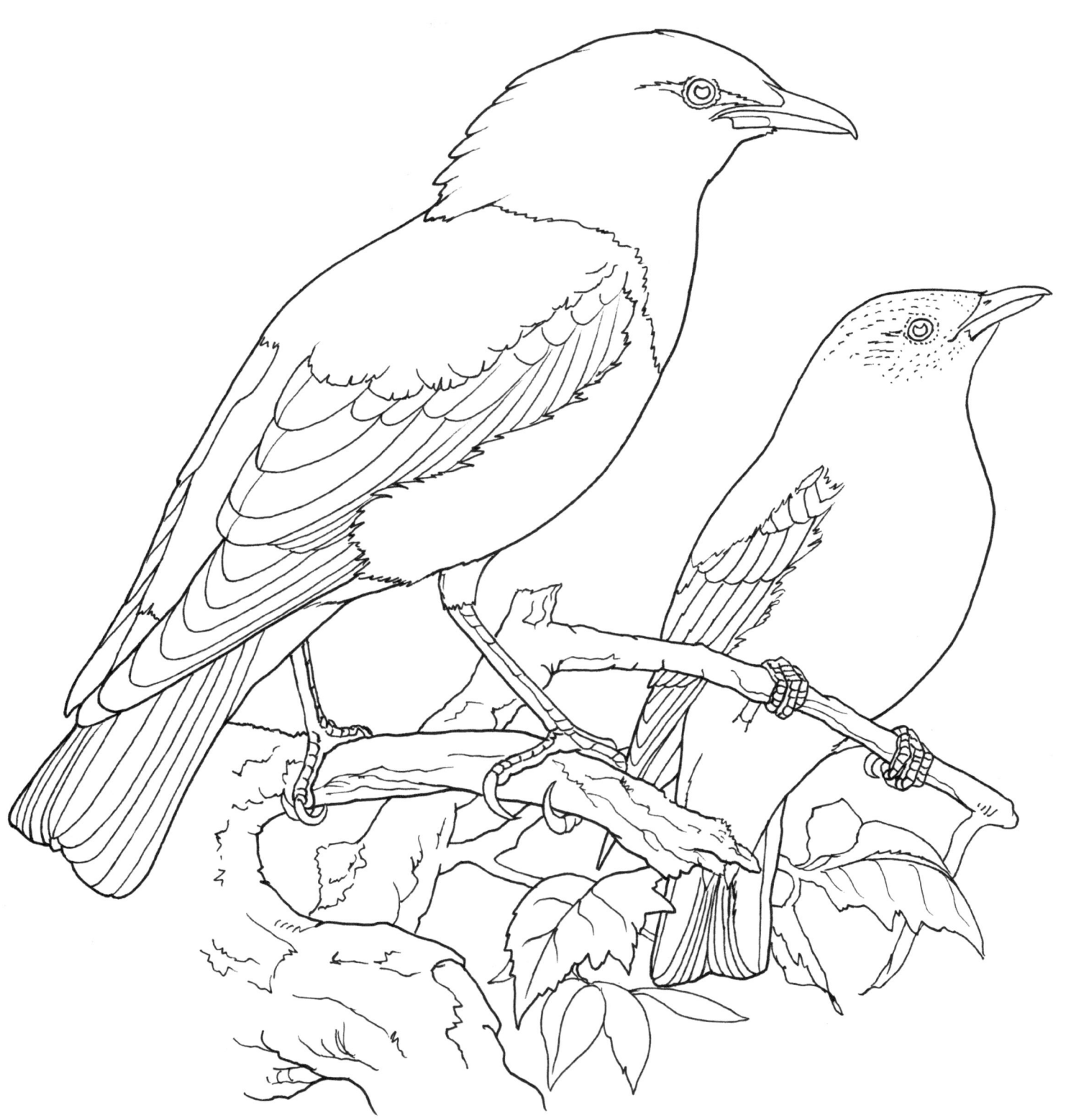

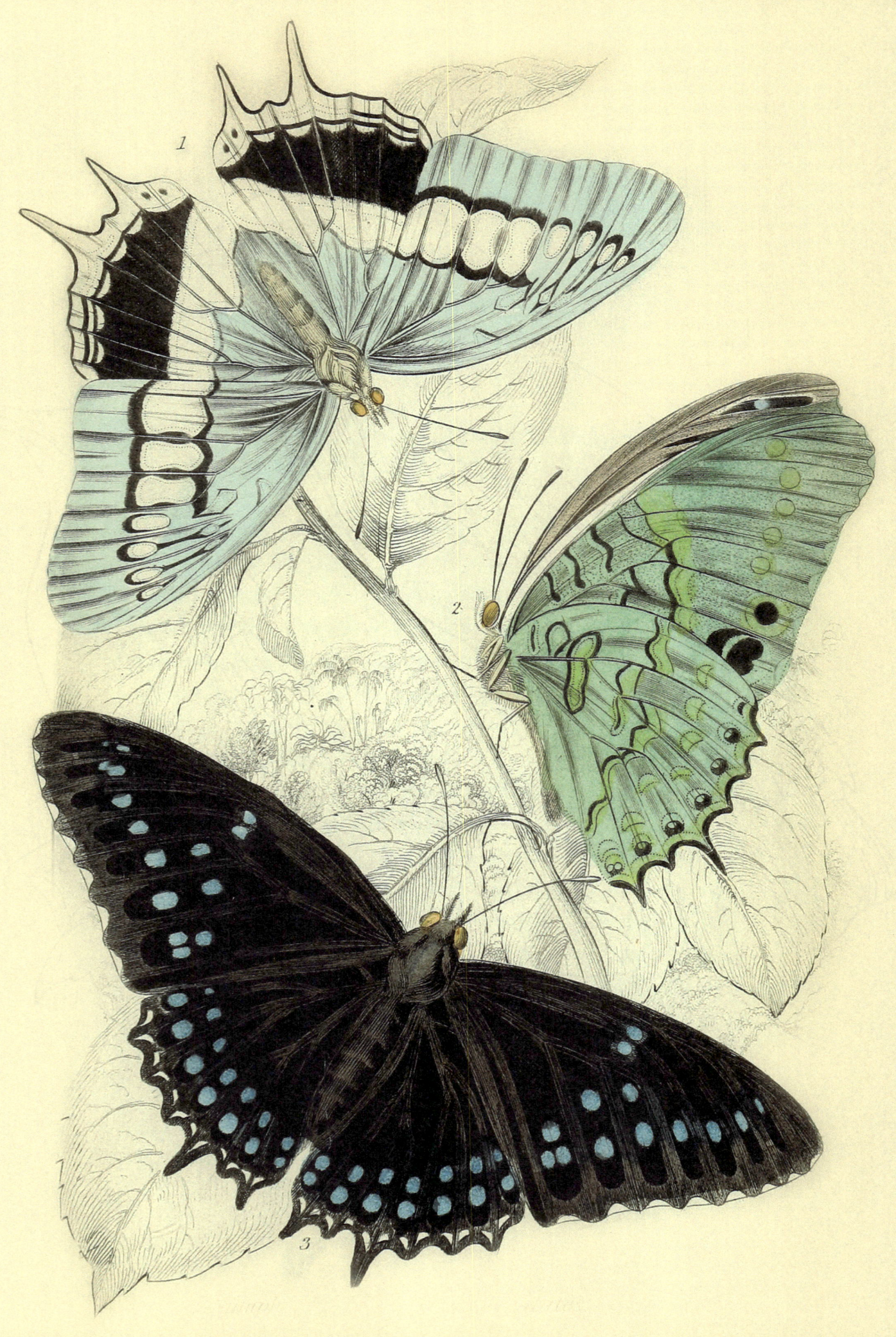

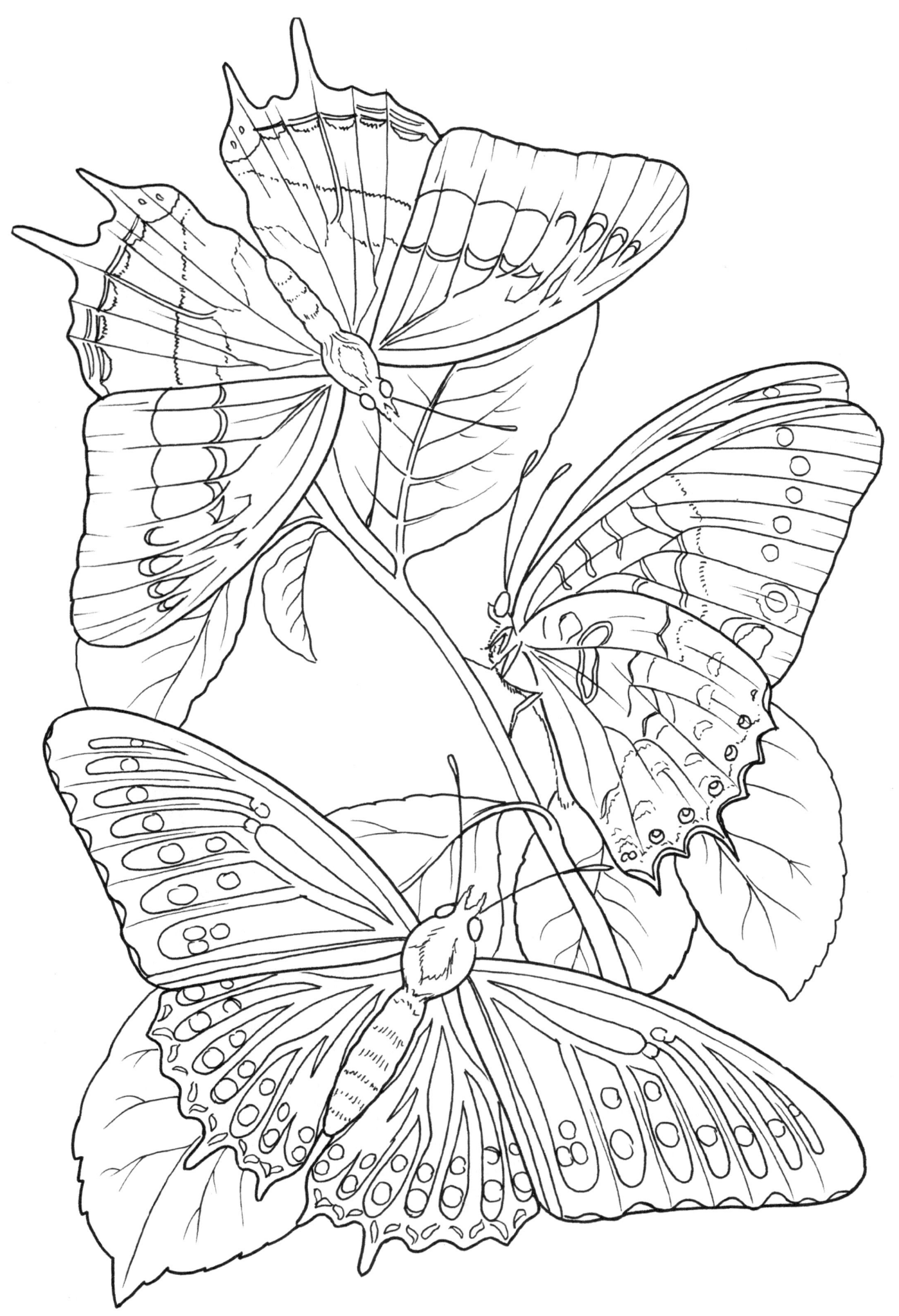

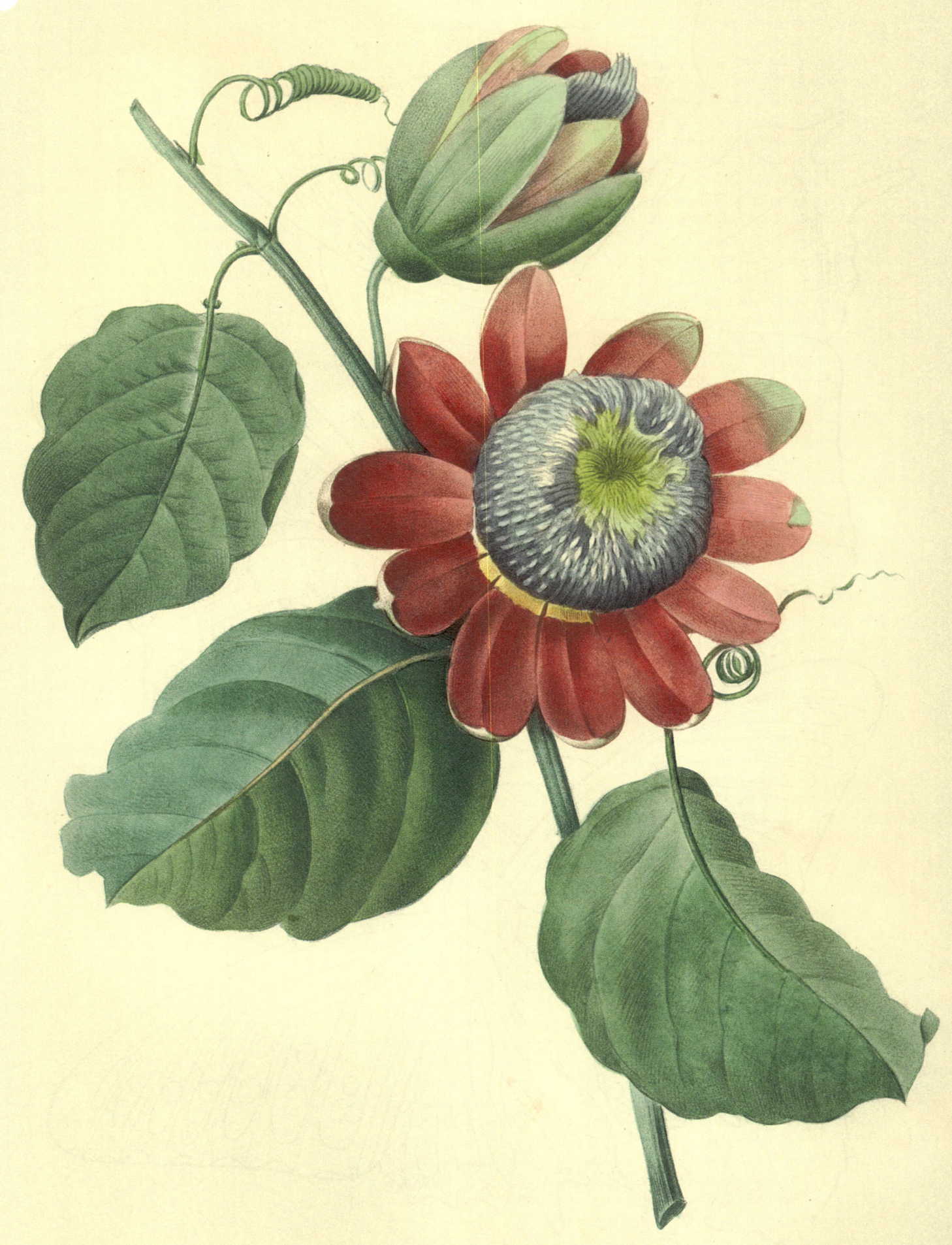

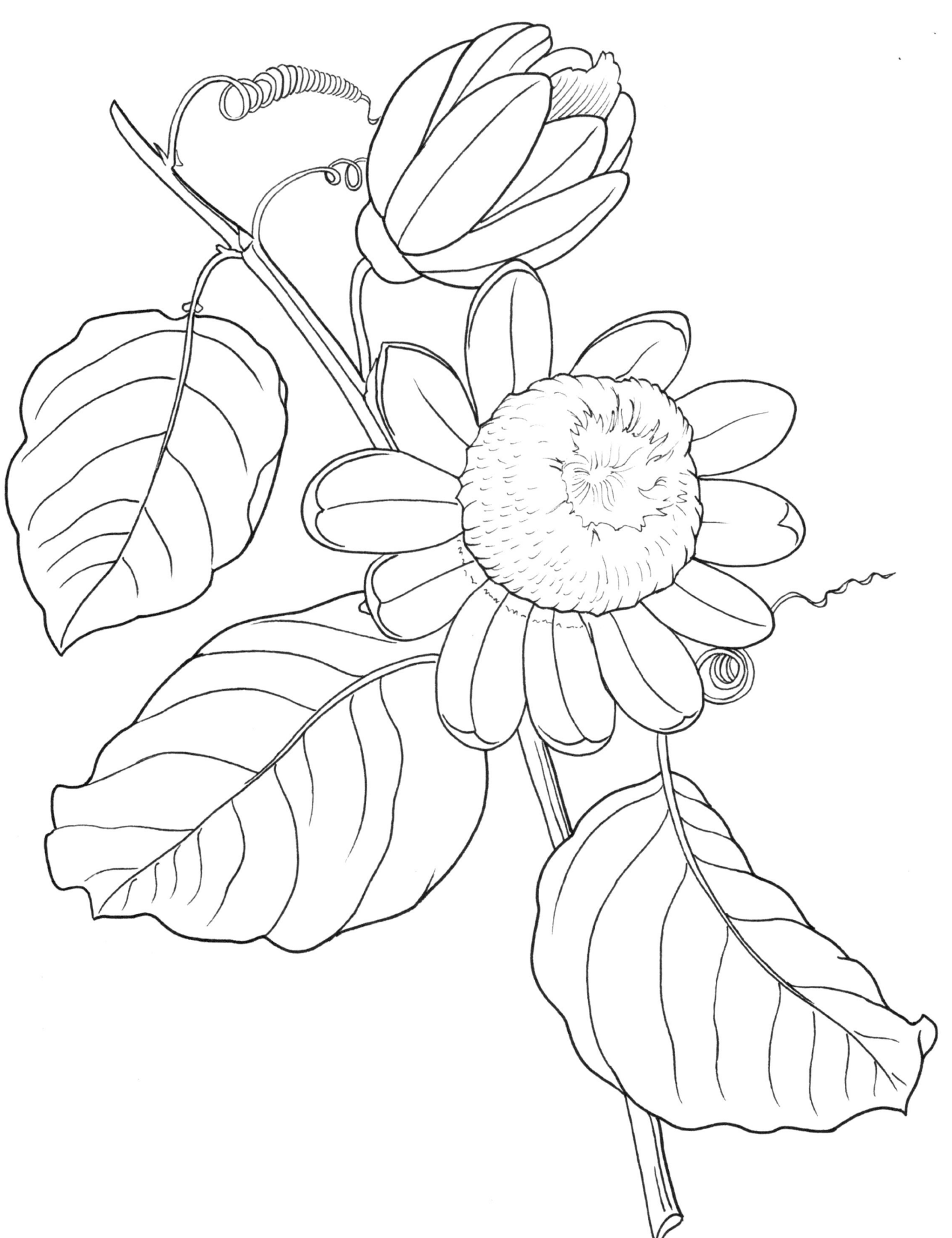

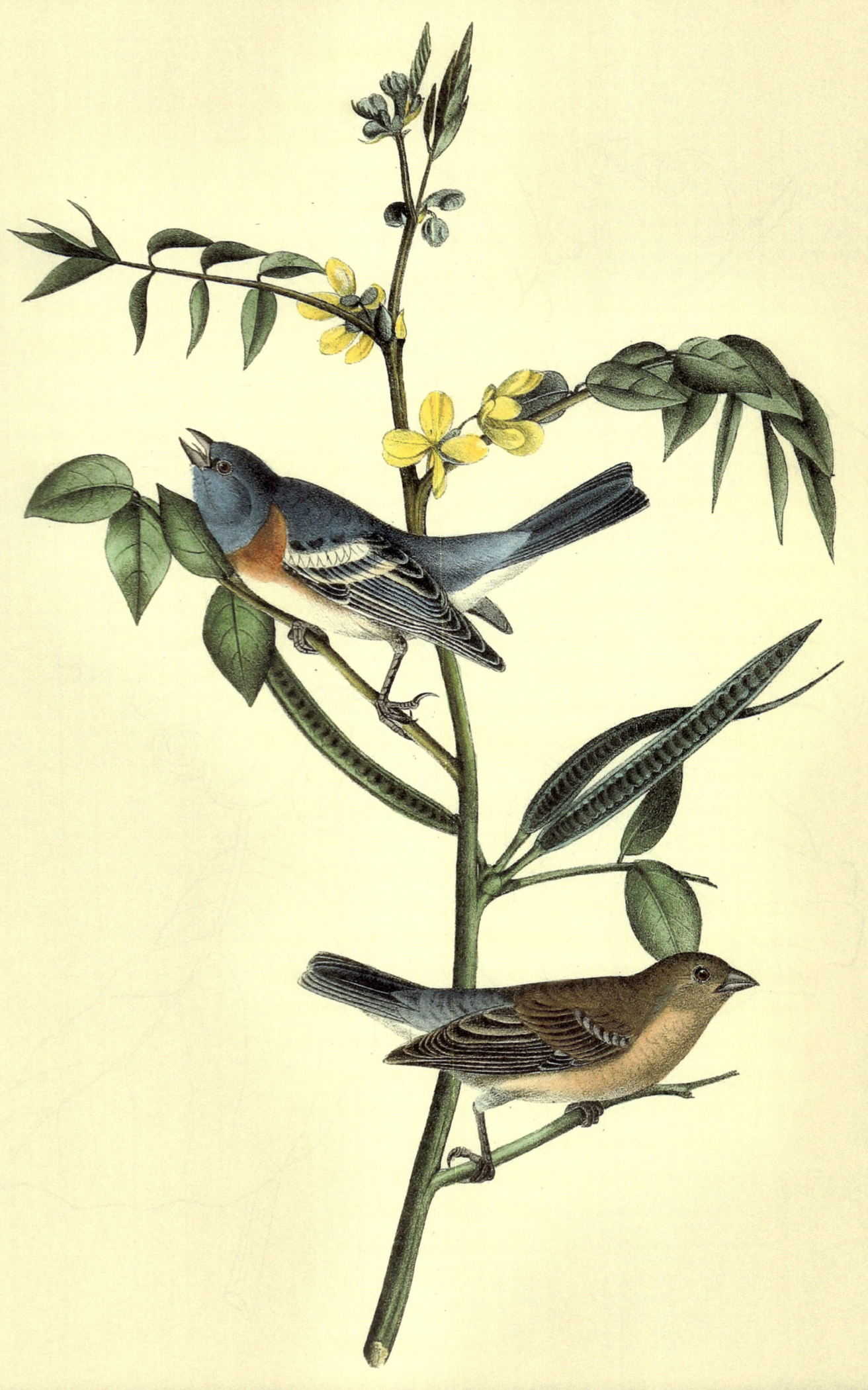

43

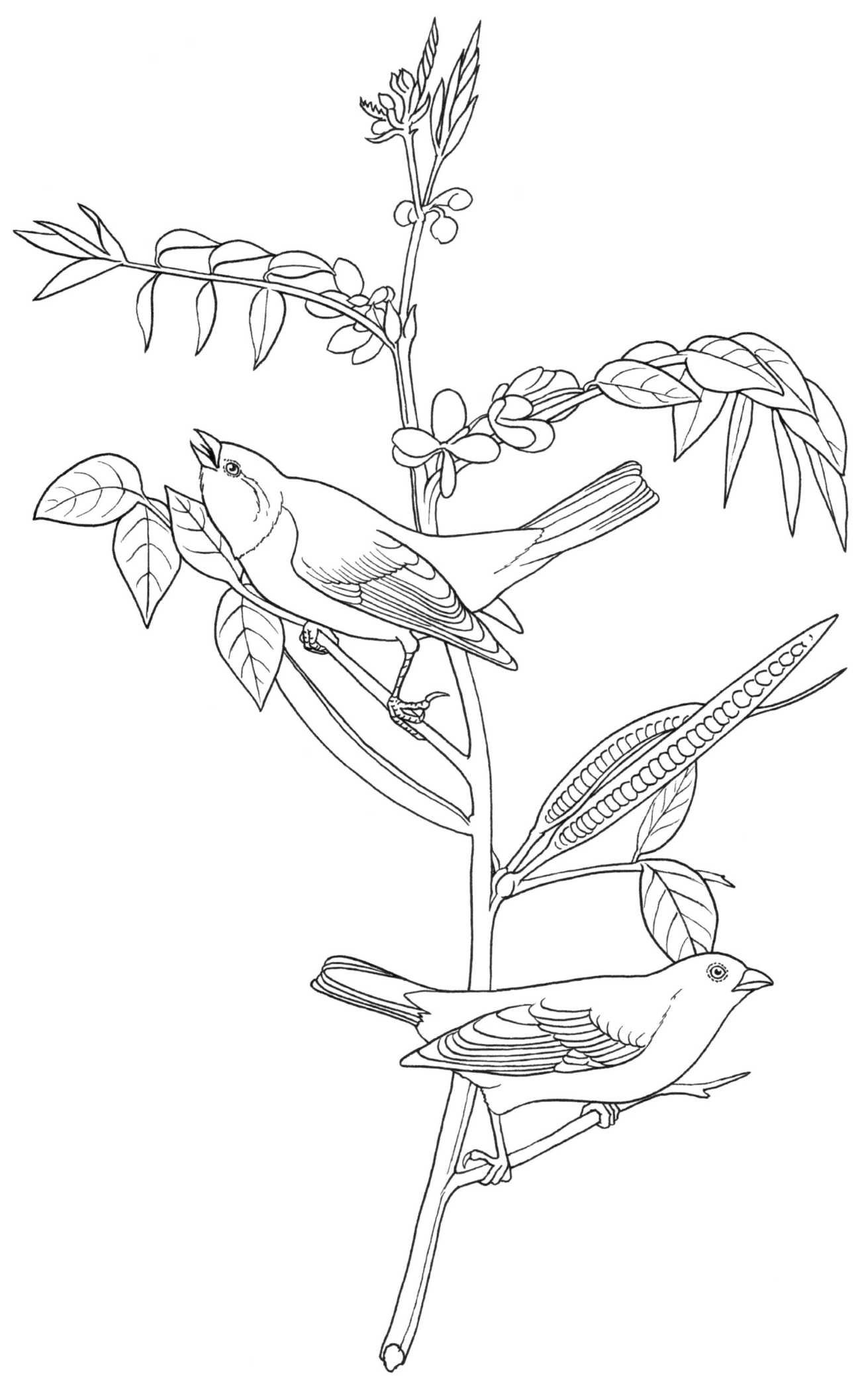

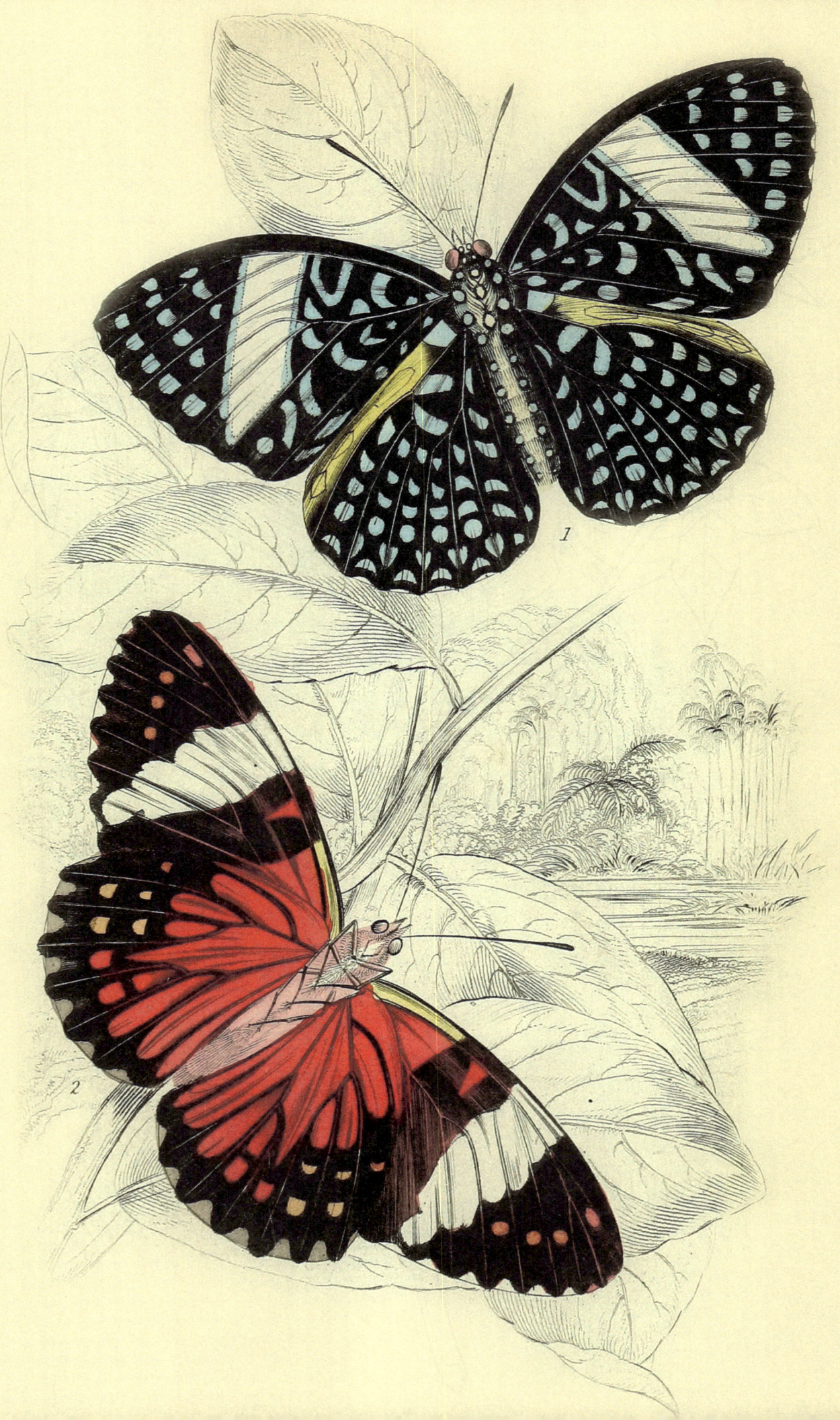

1

2

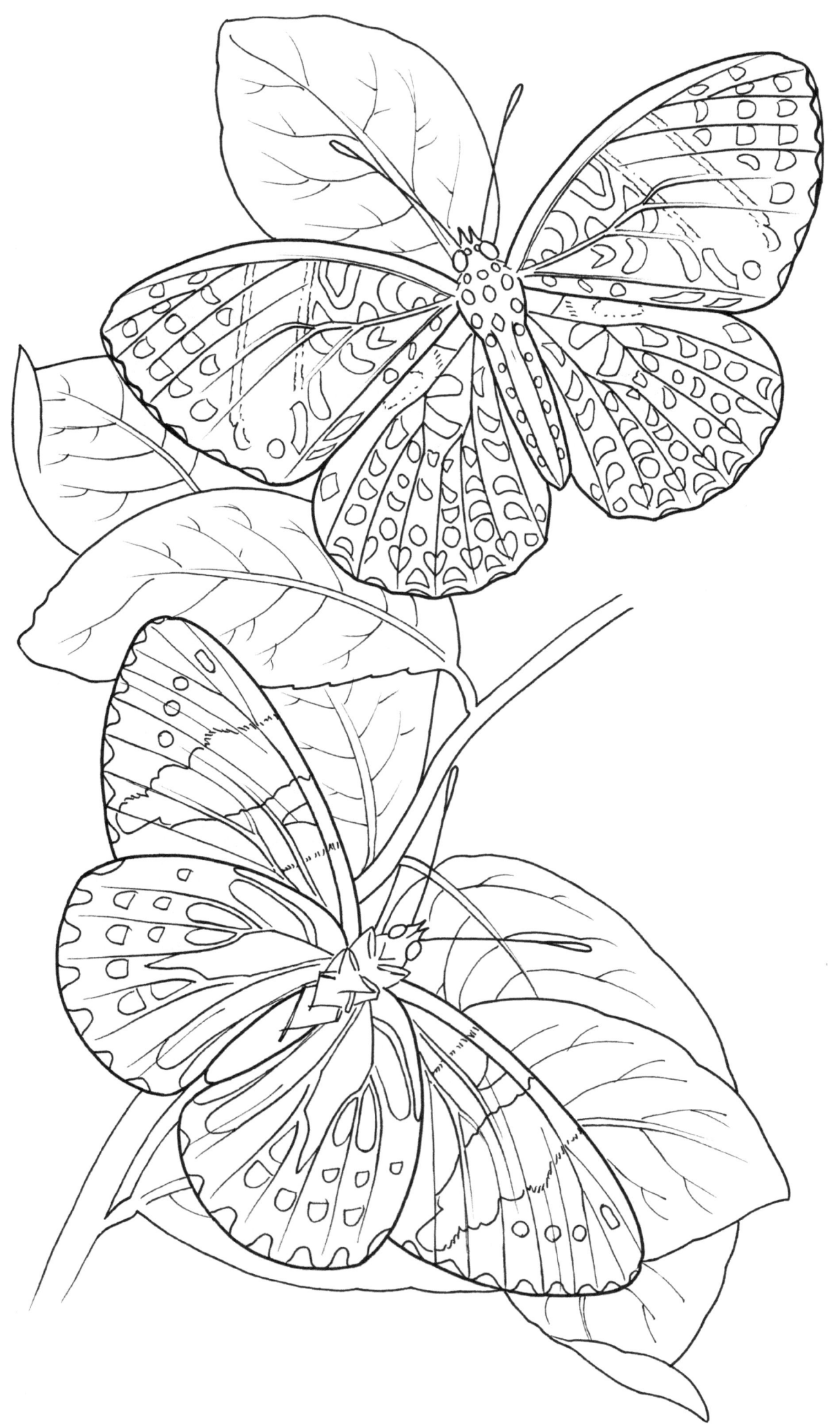

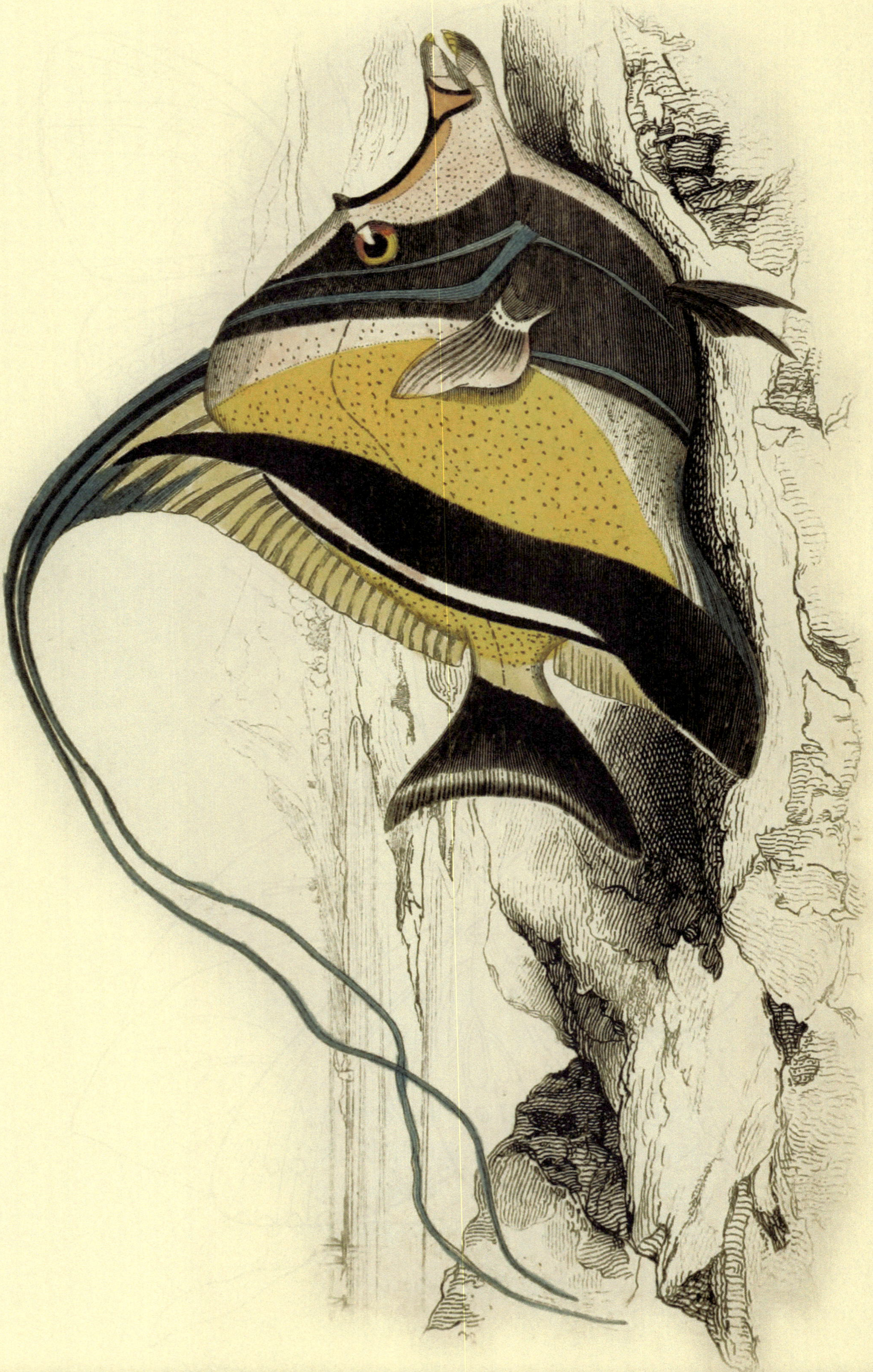

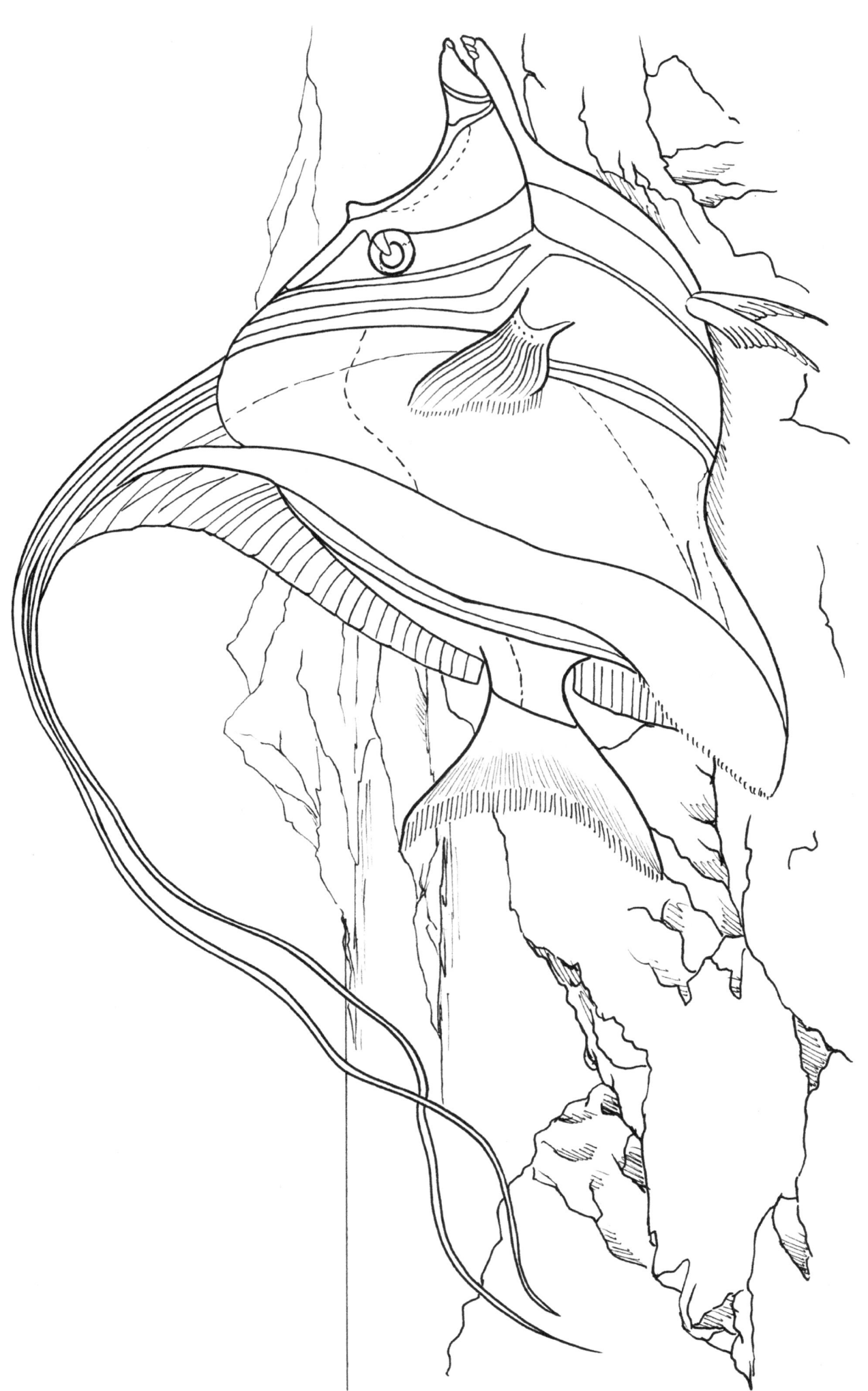

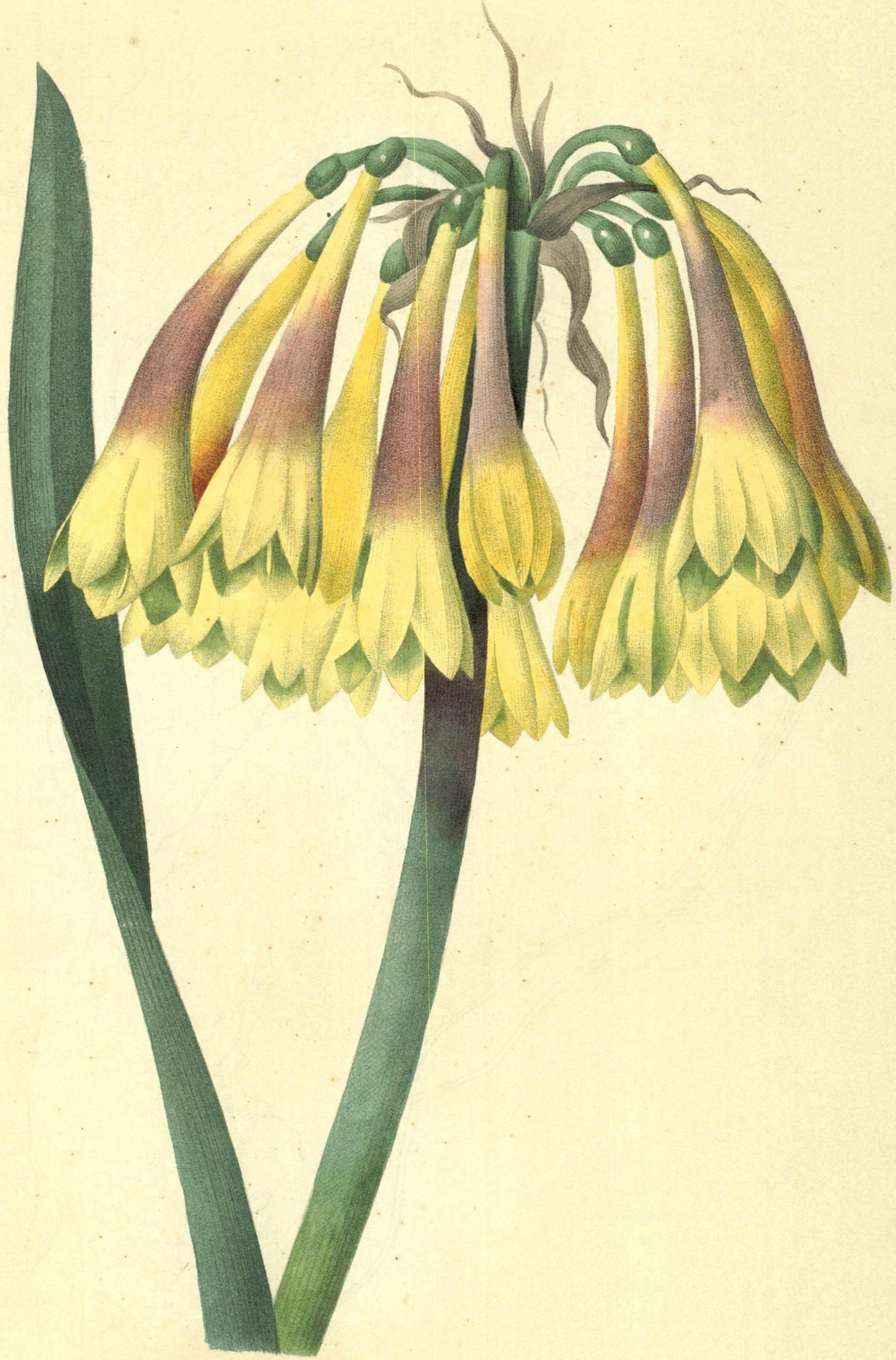

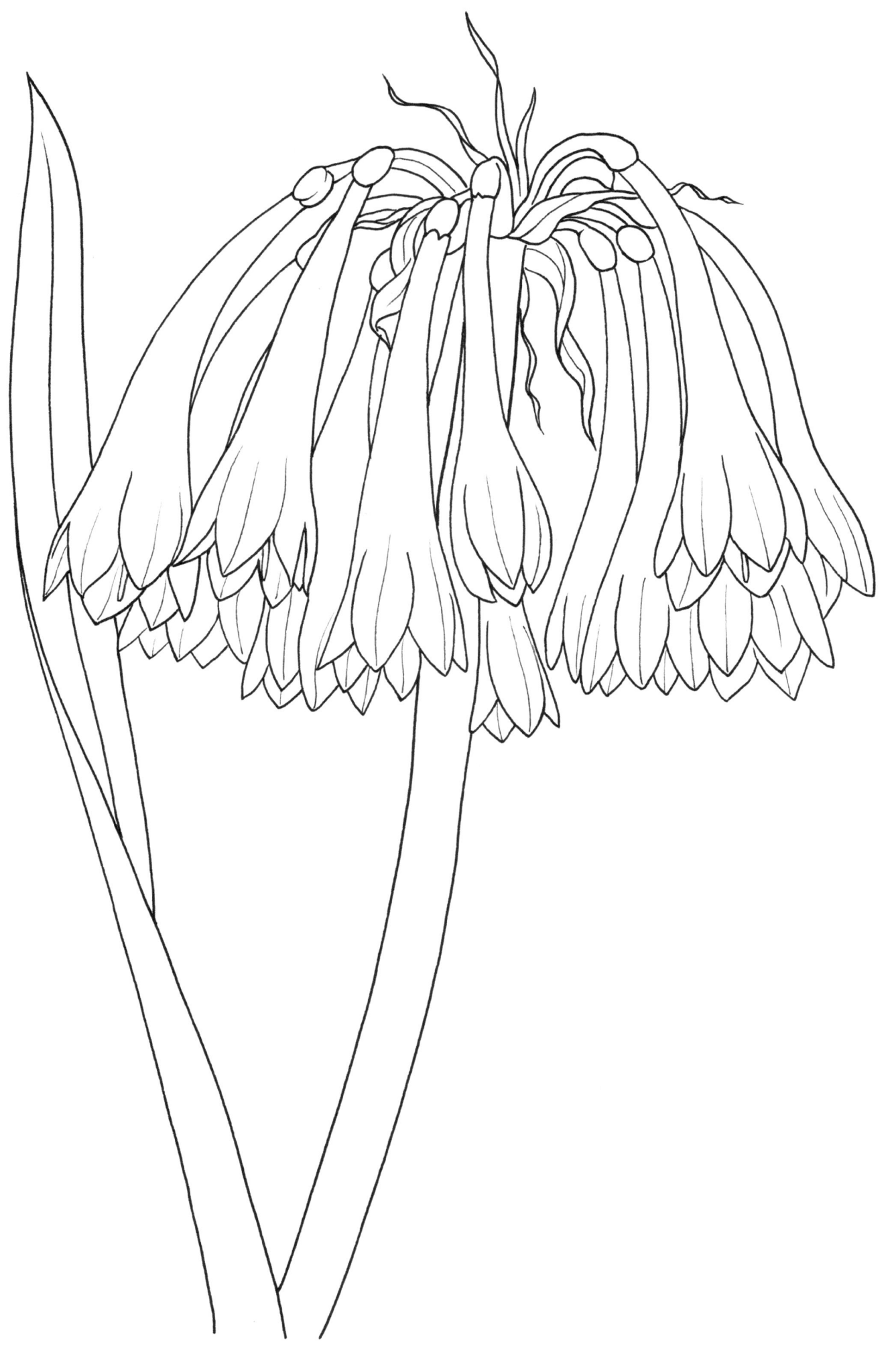

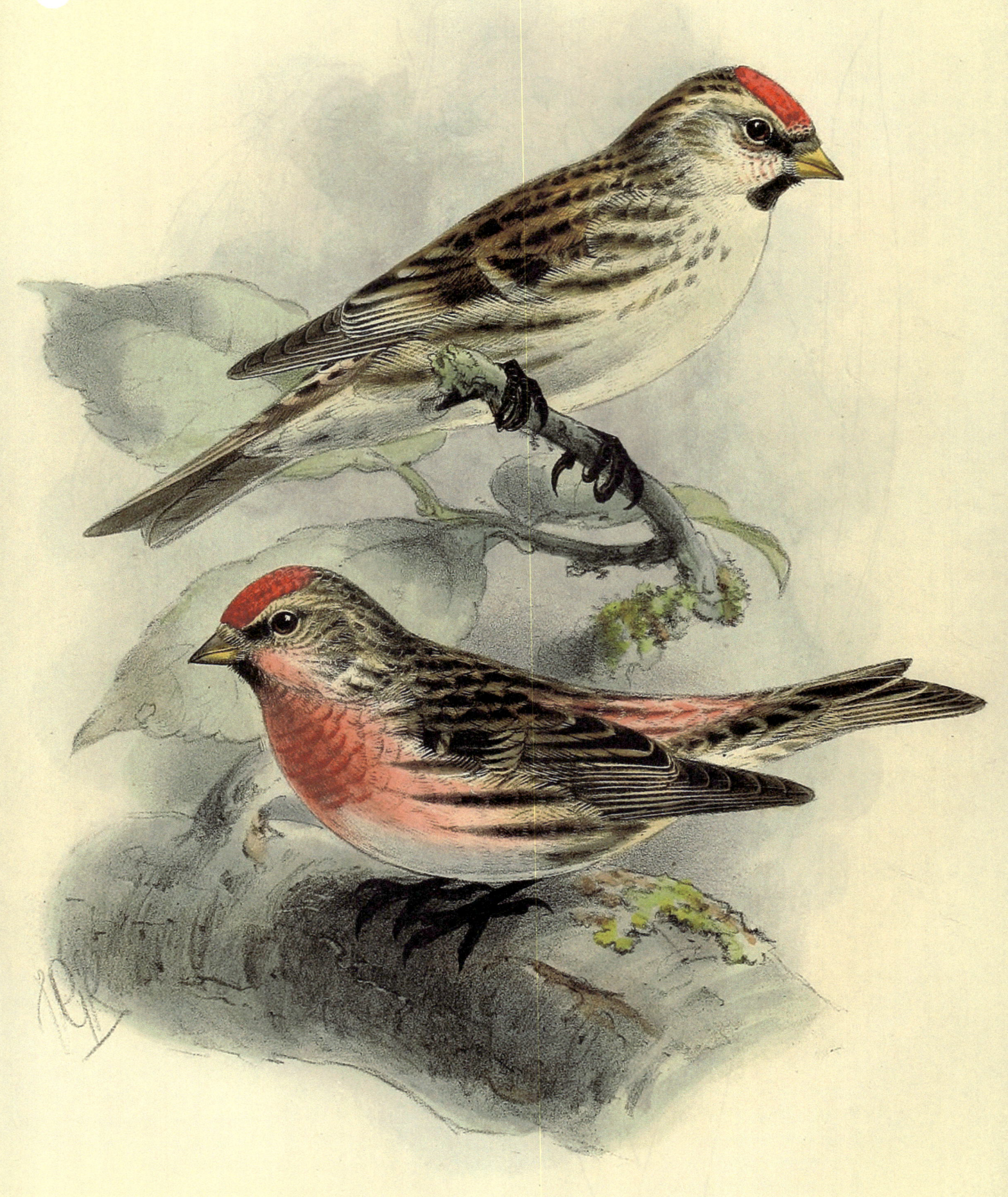

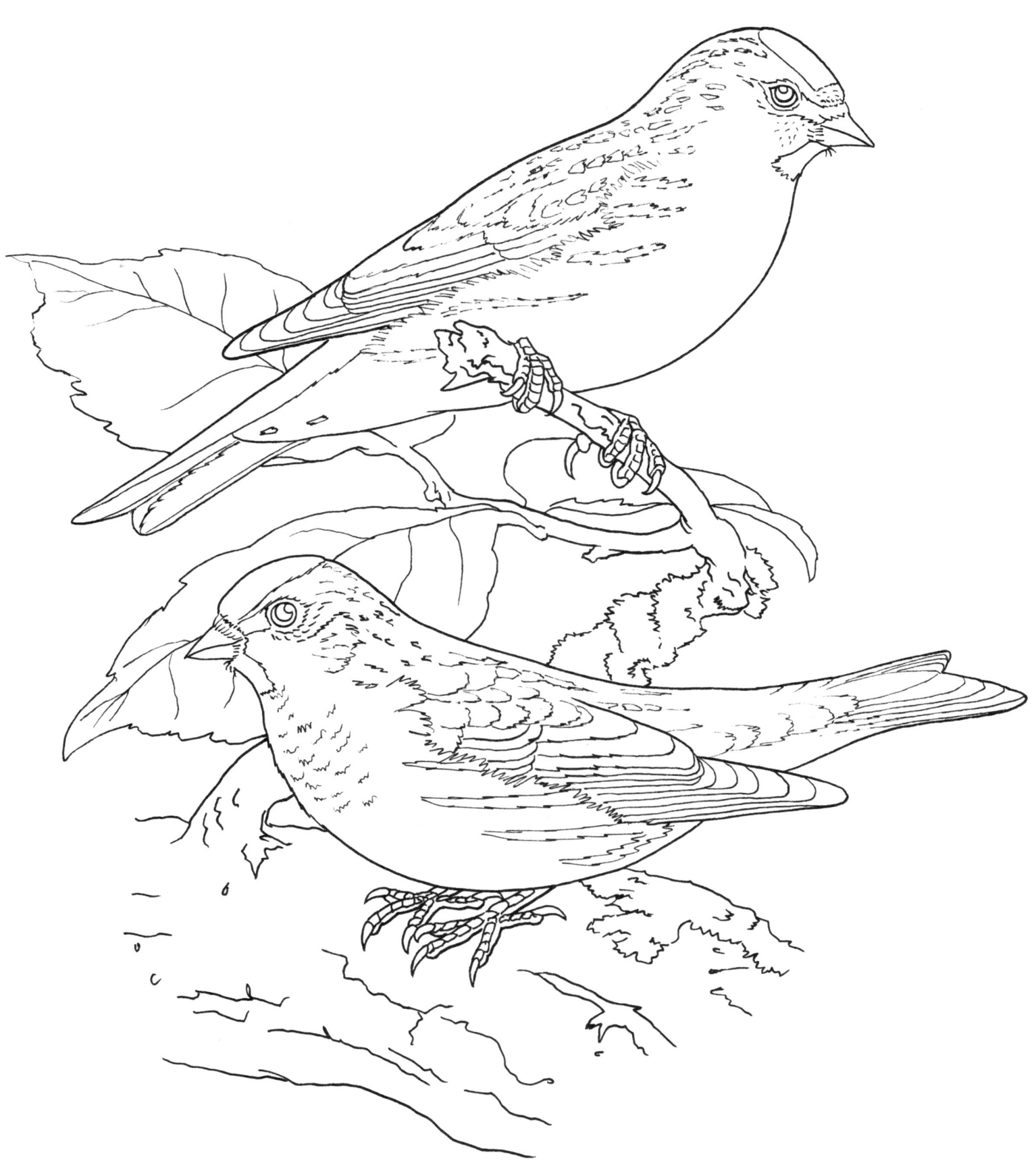

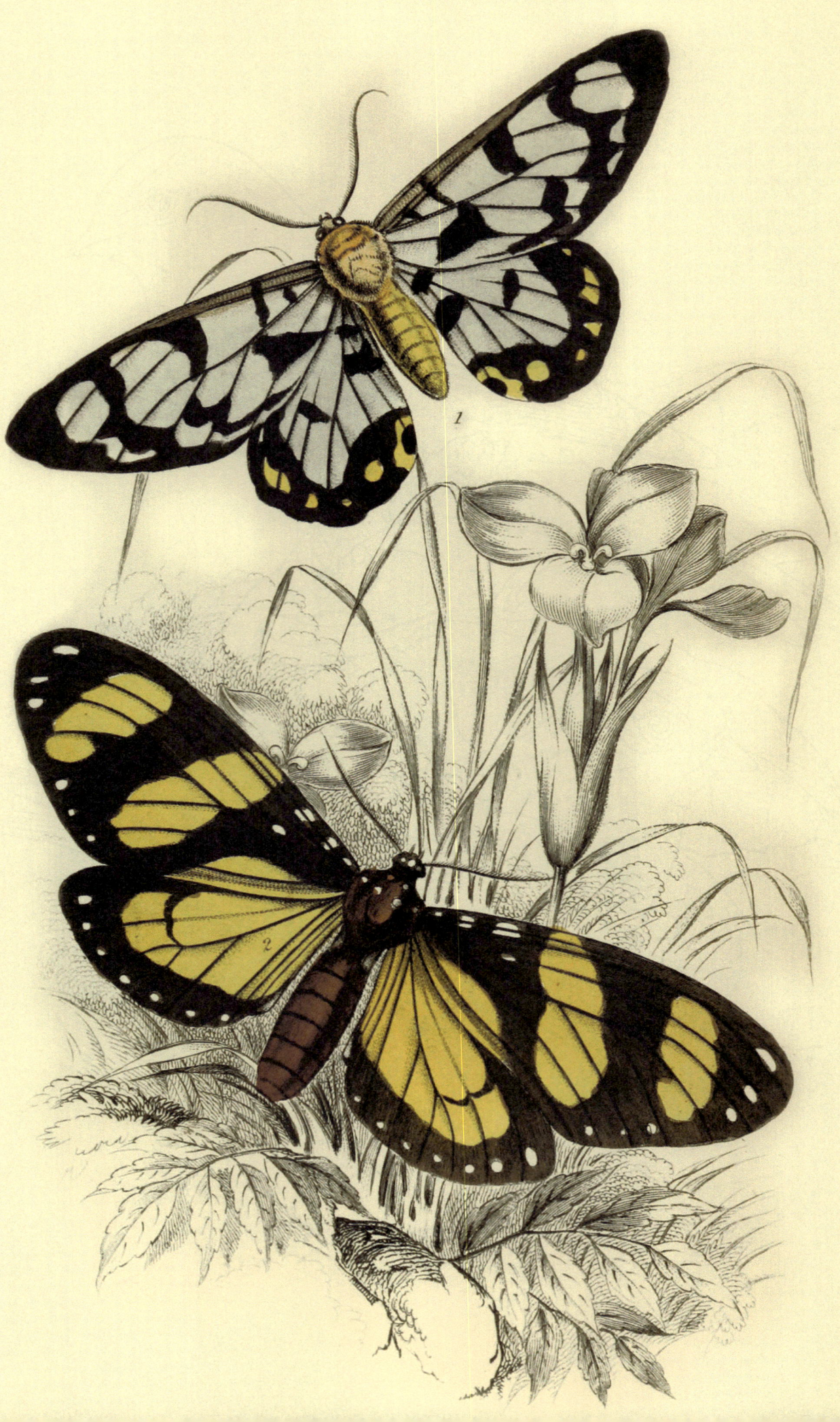

48

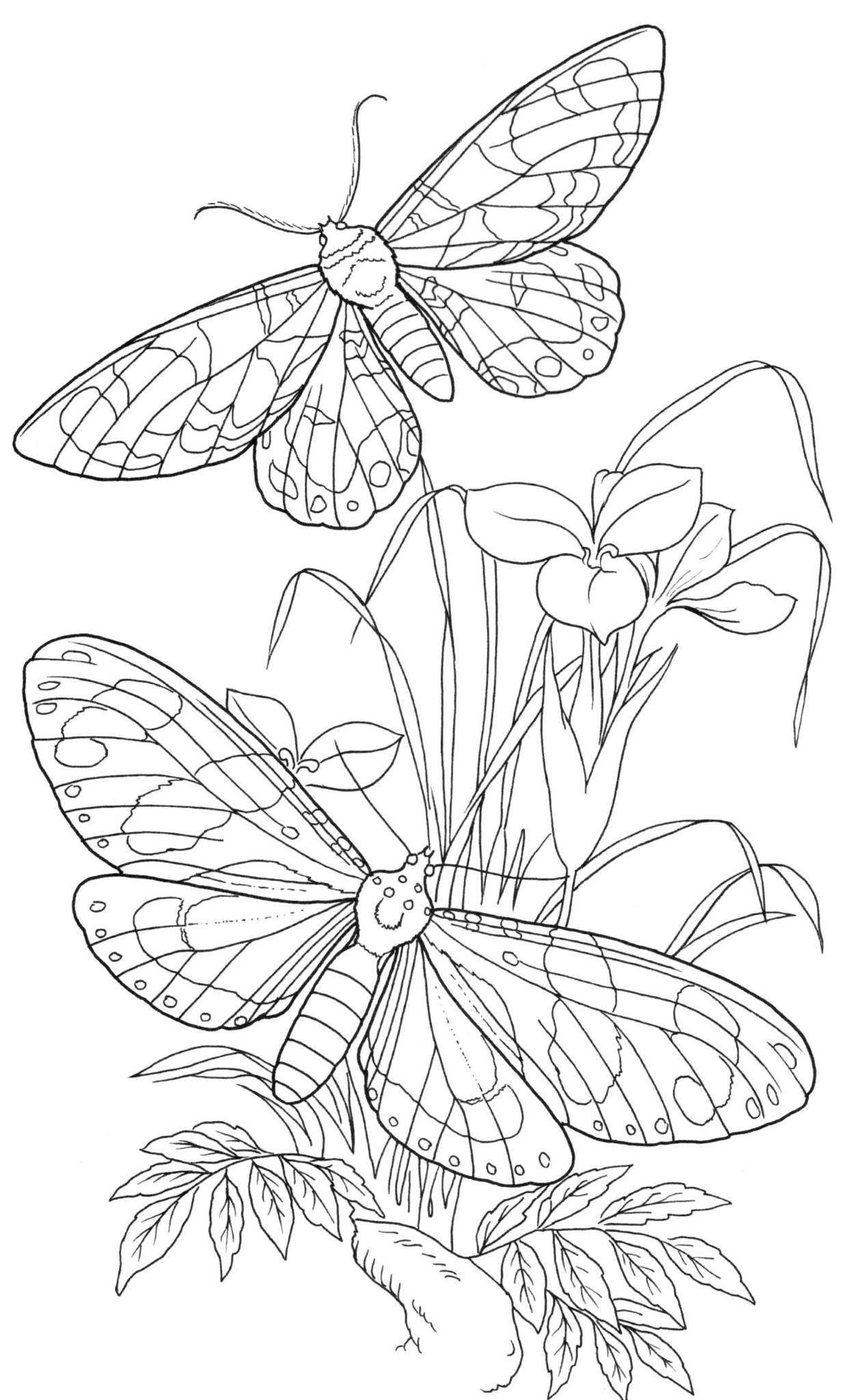

49

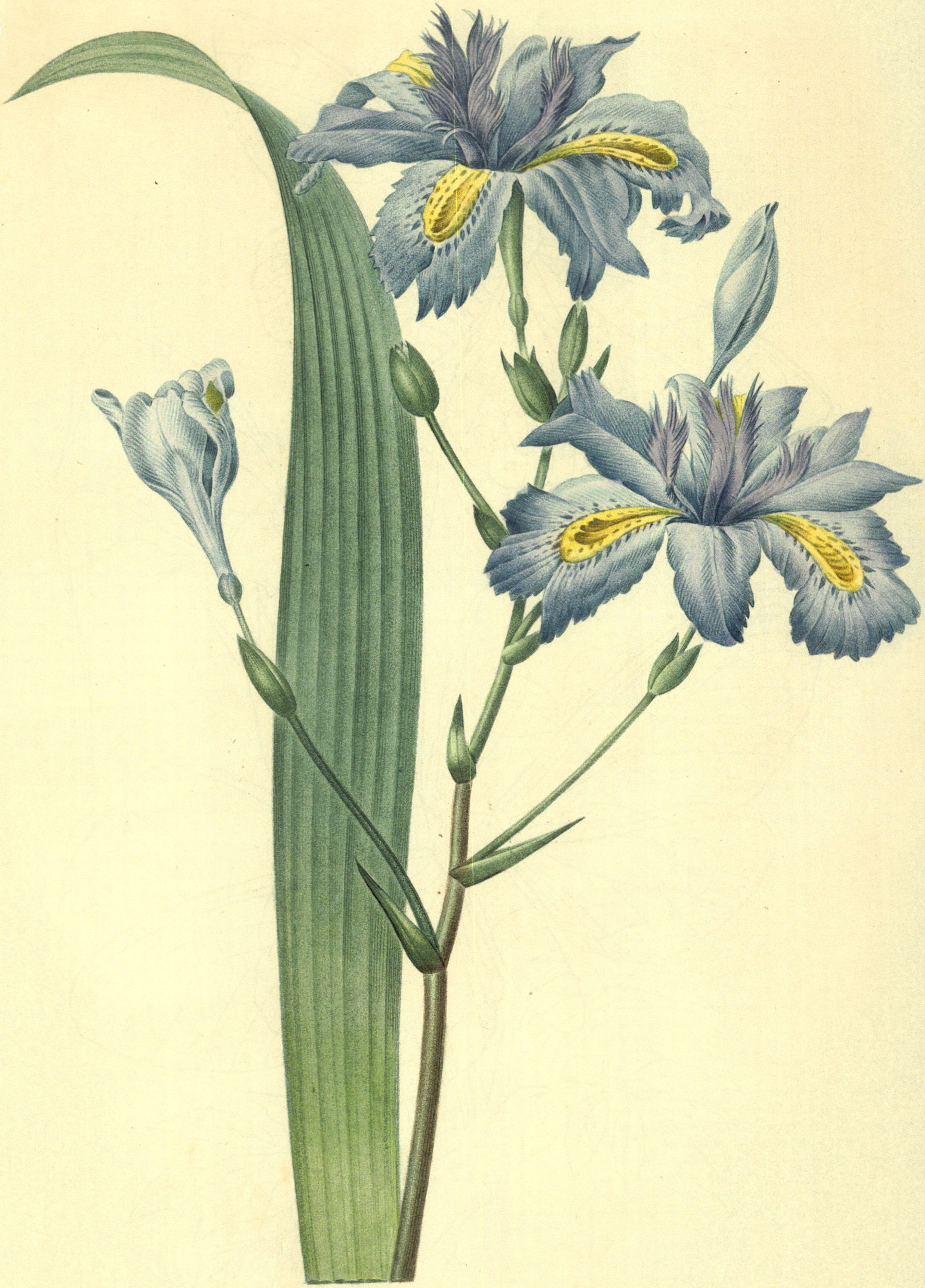

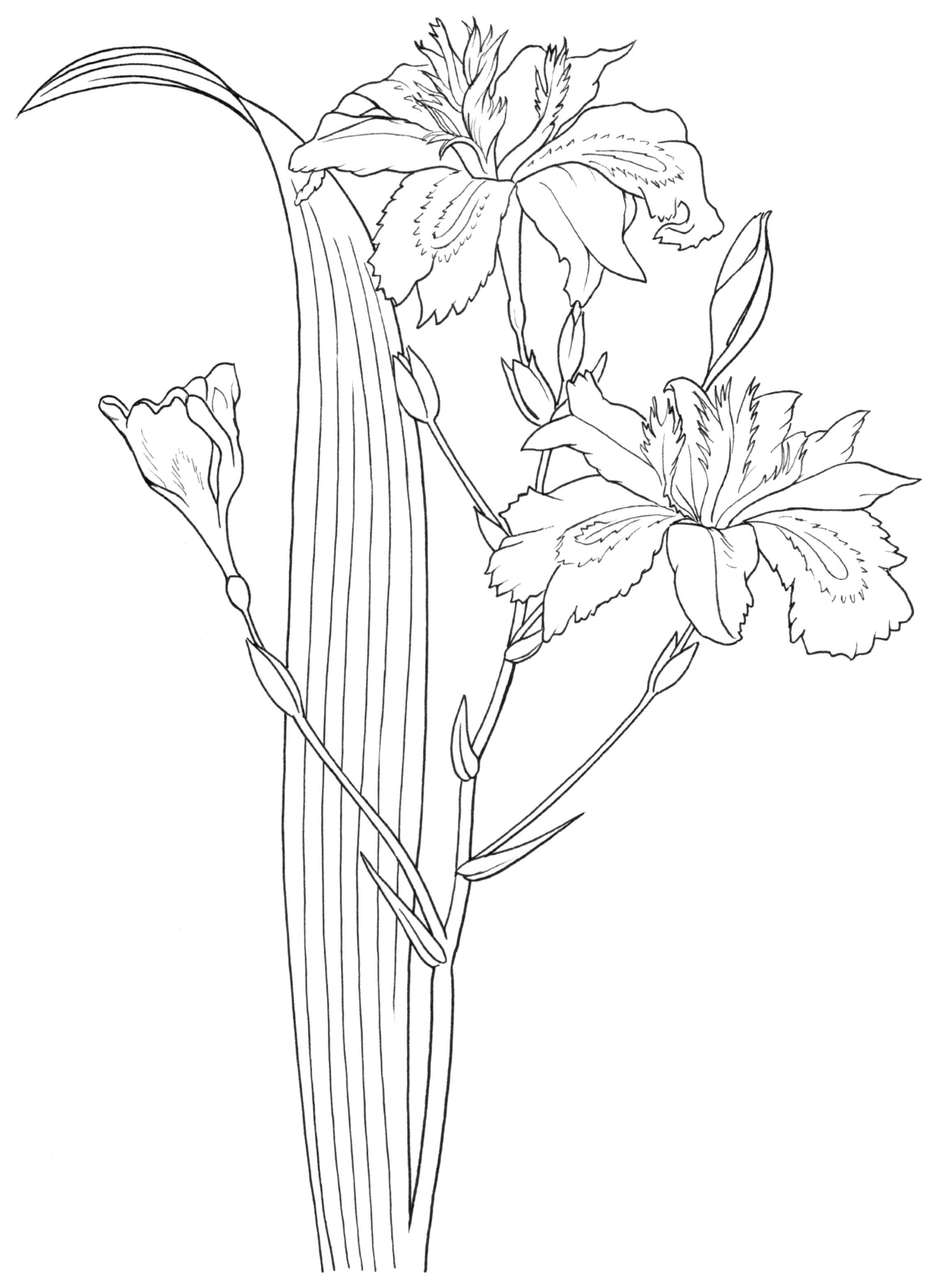

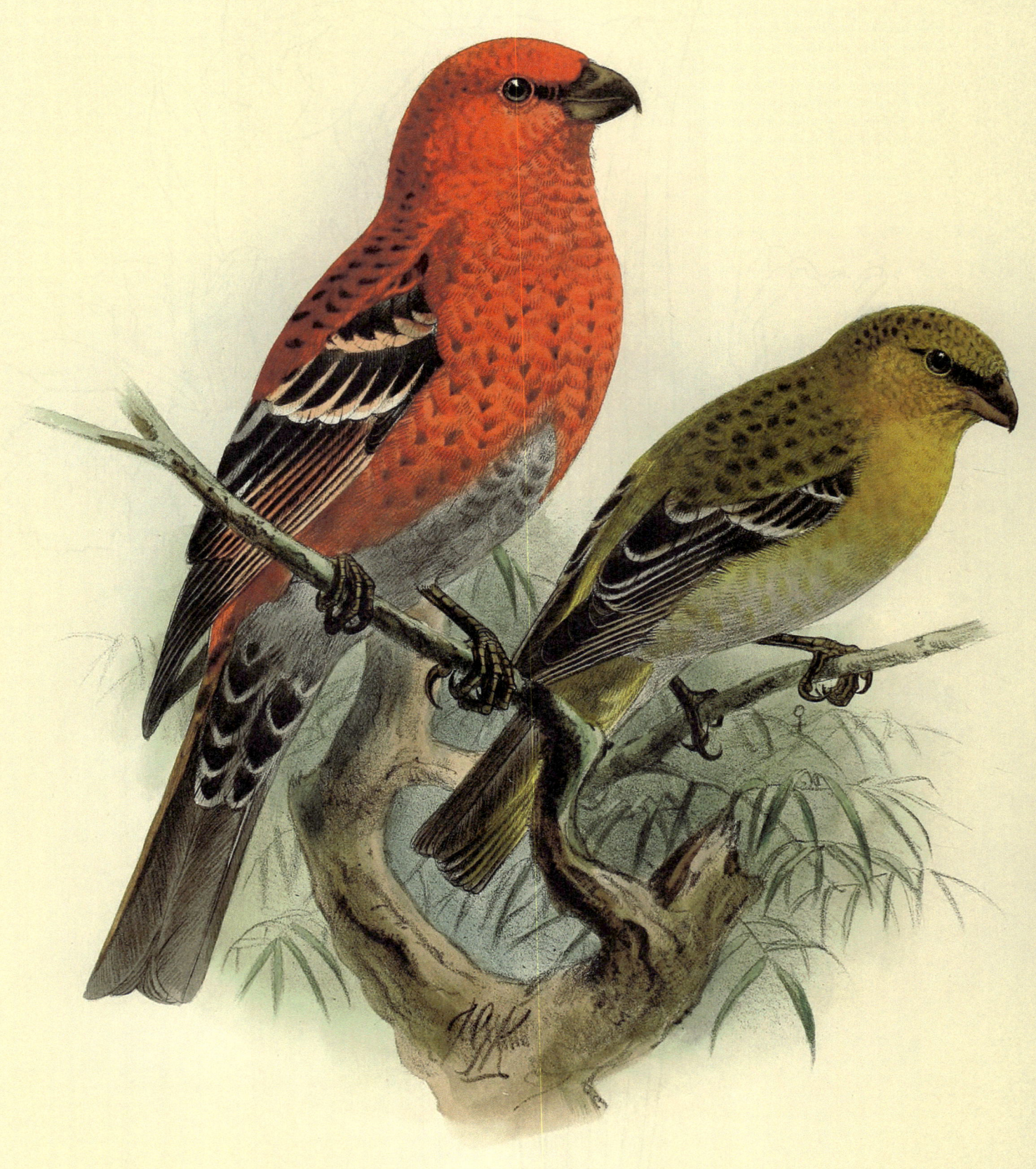

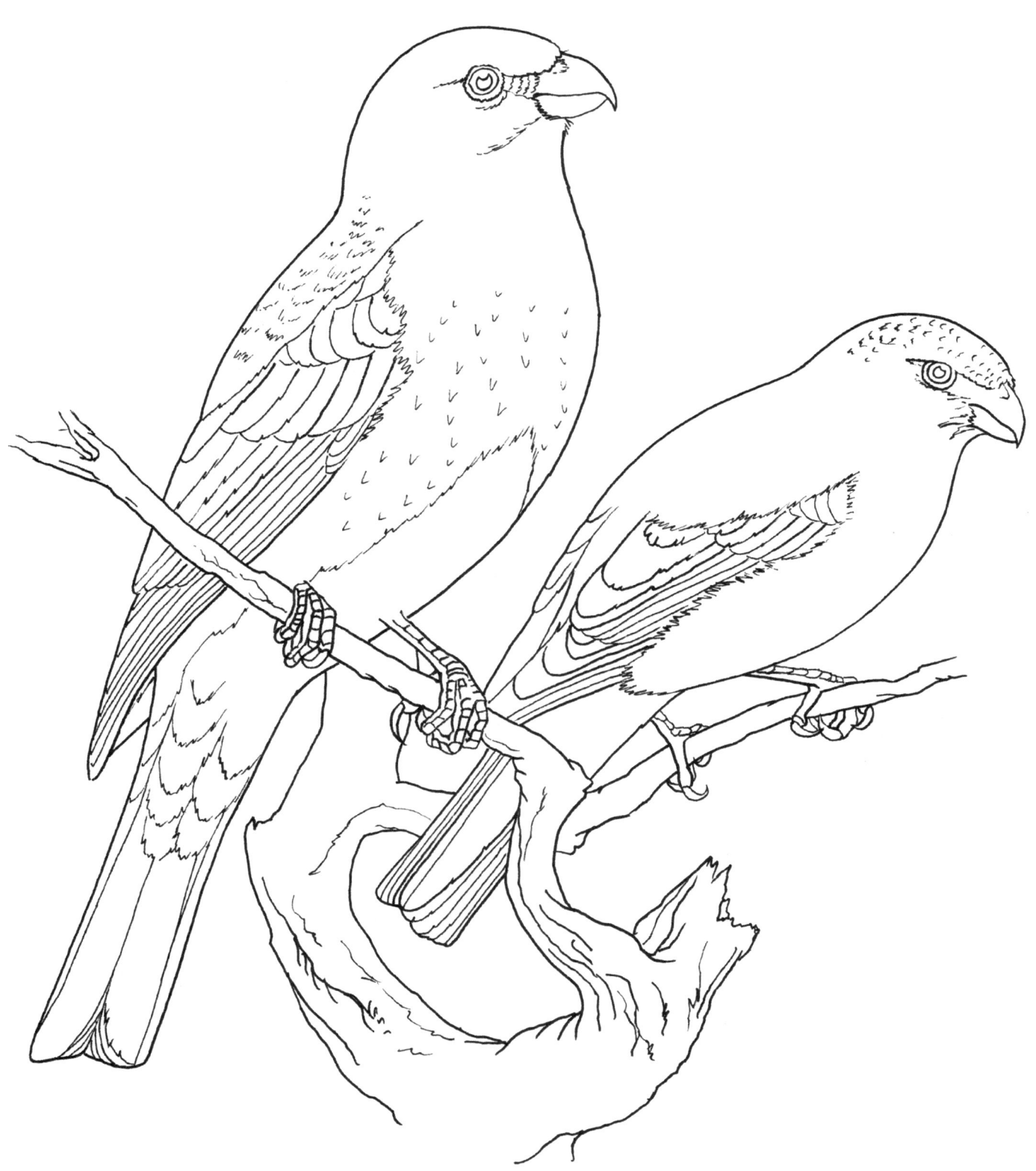

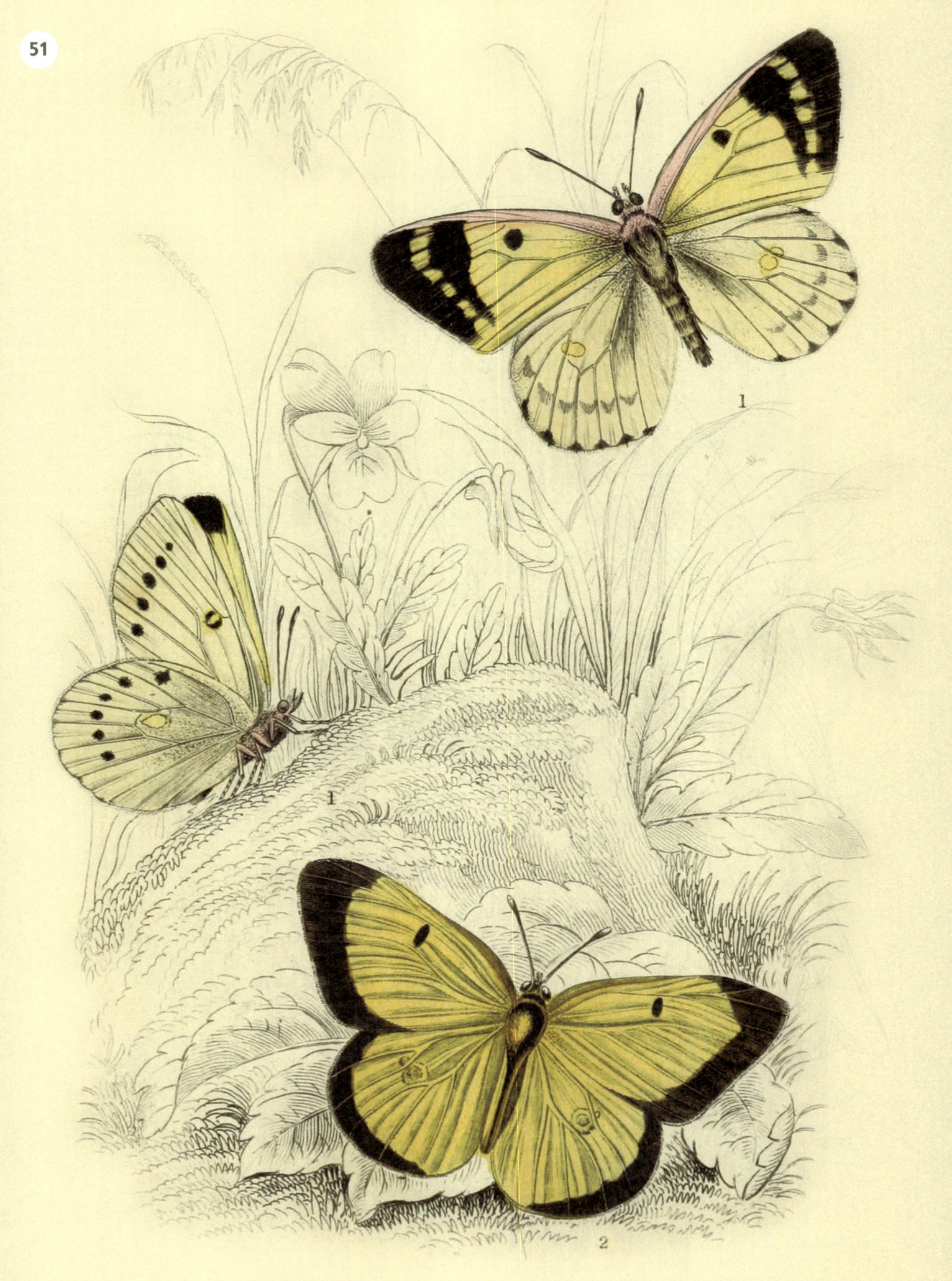

1

1

2

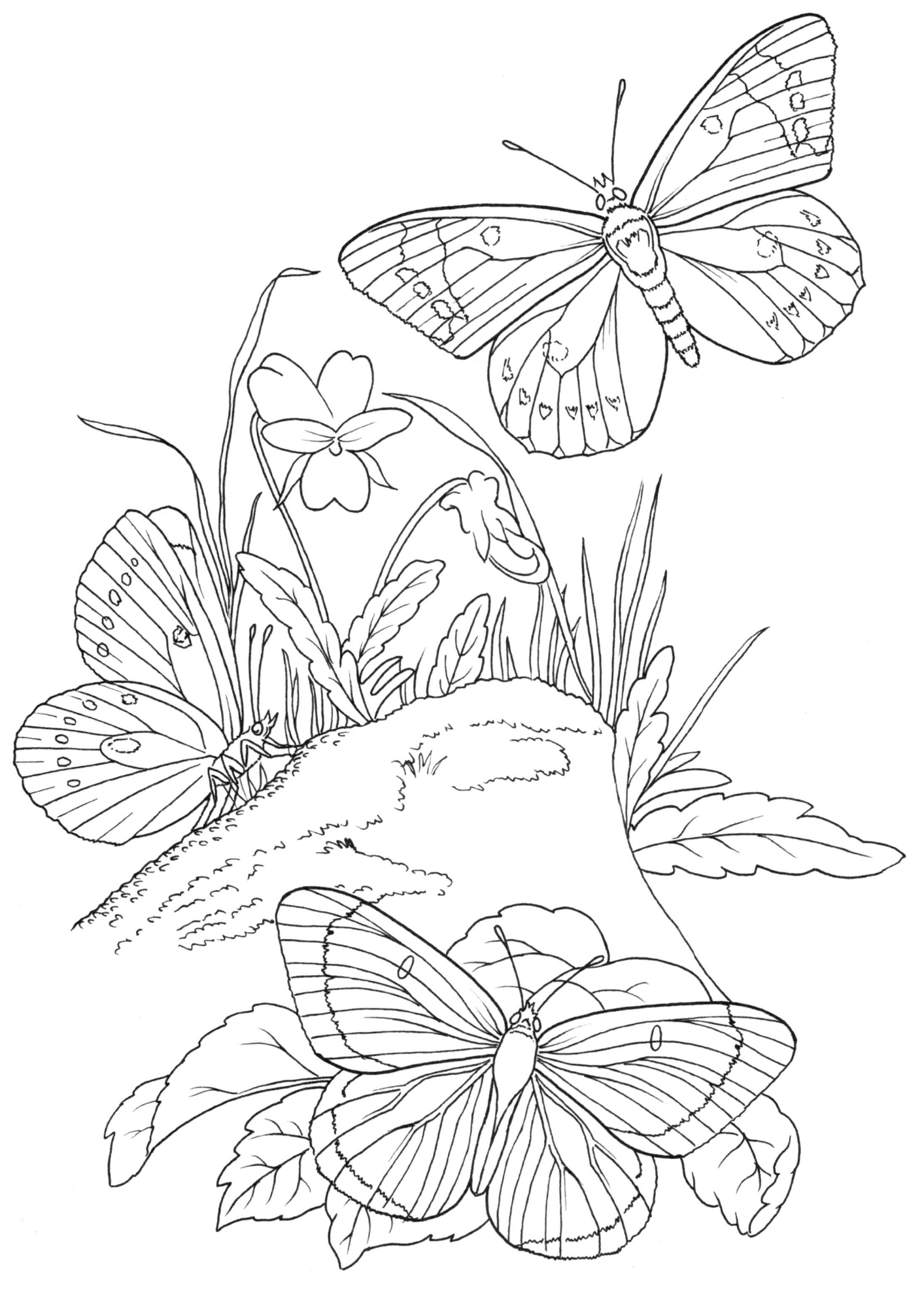

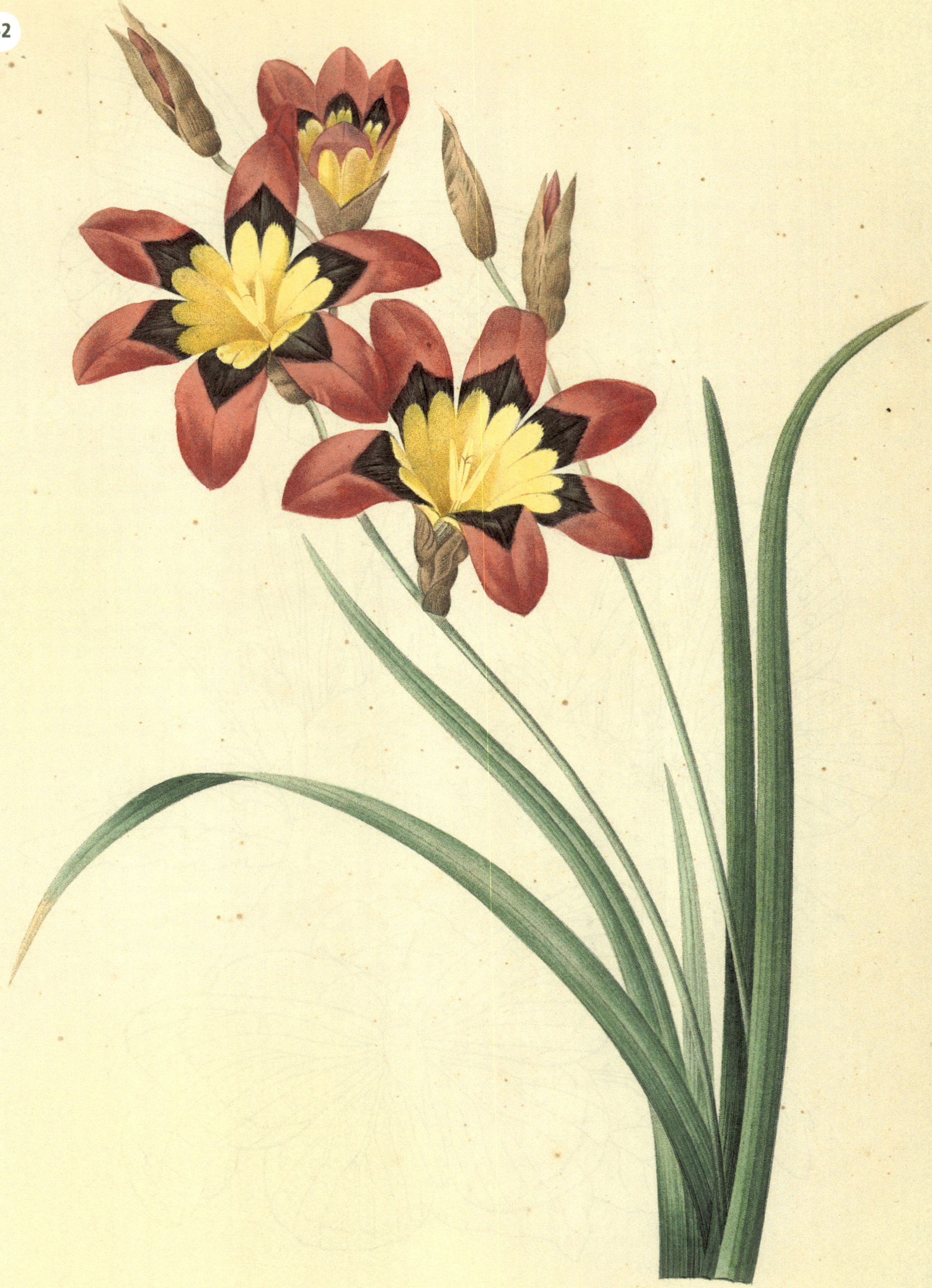

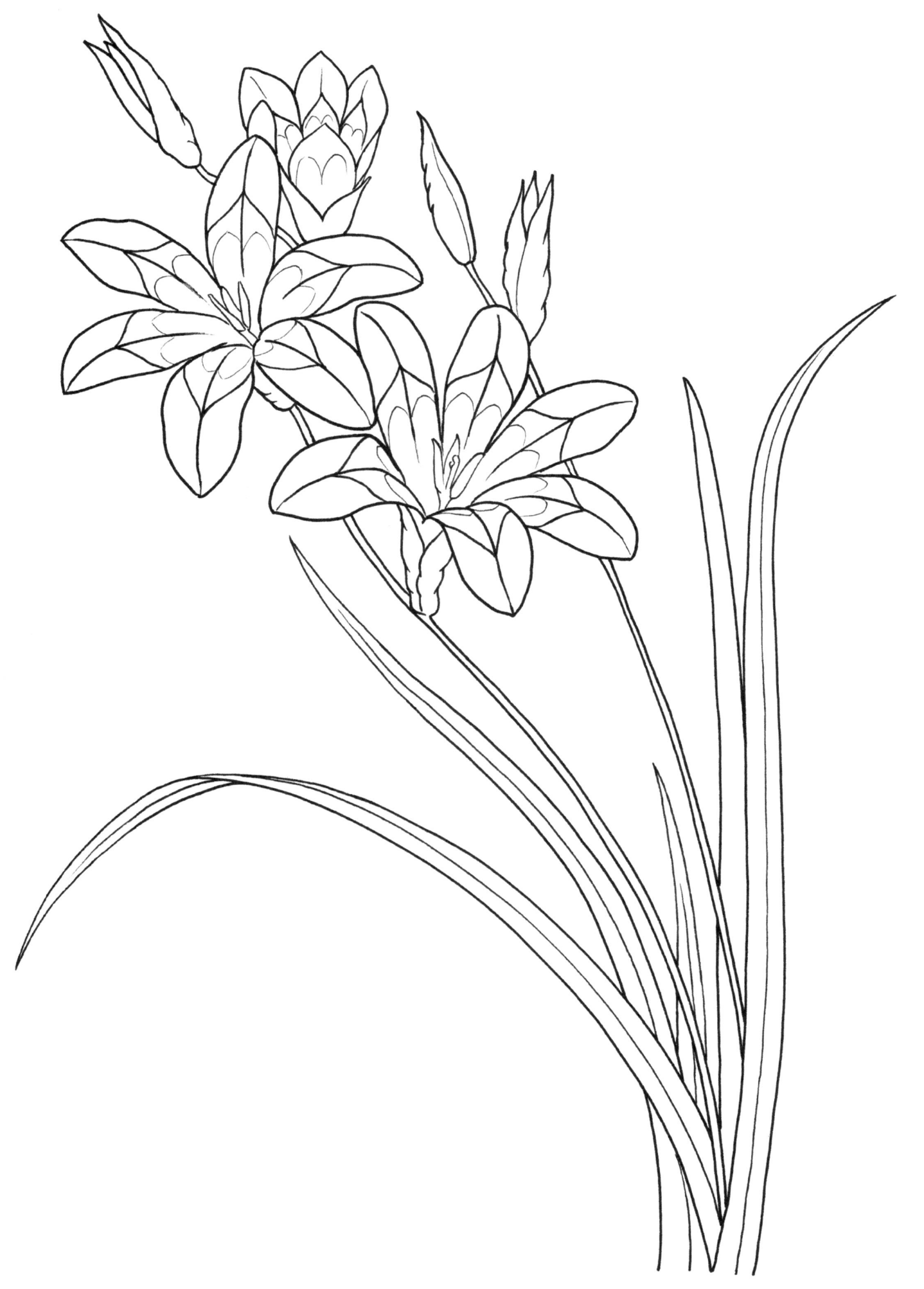

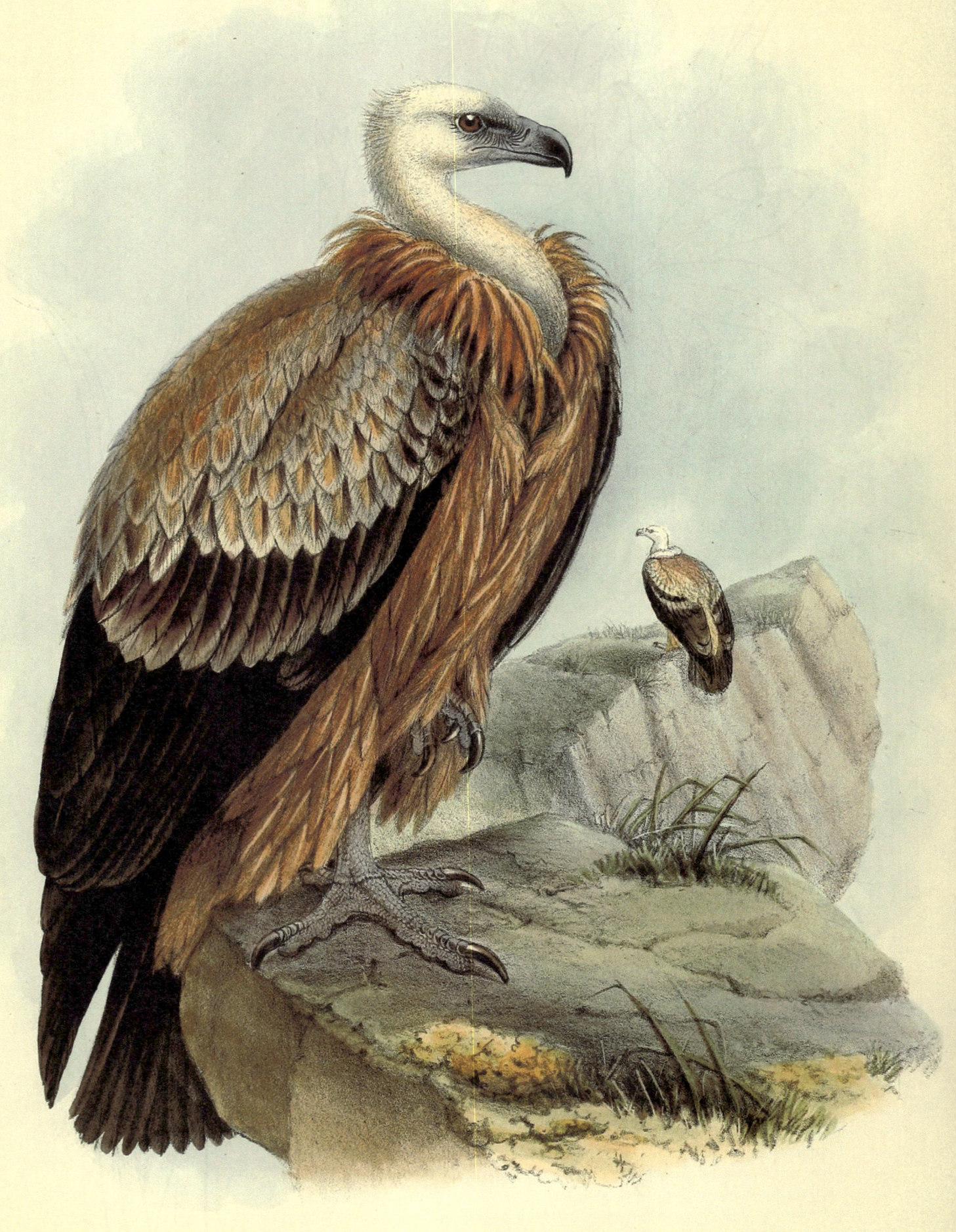

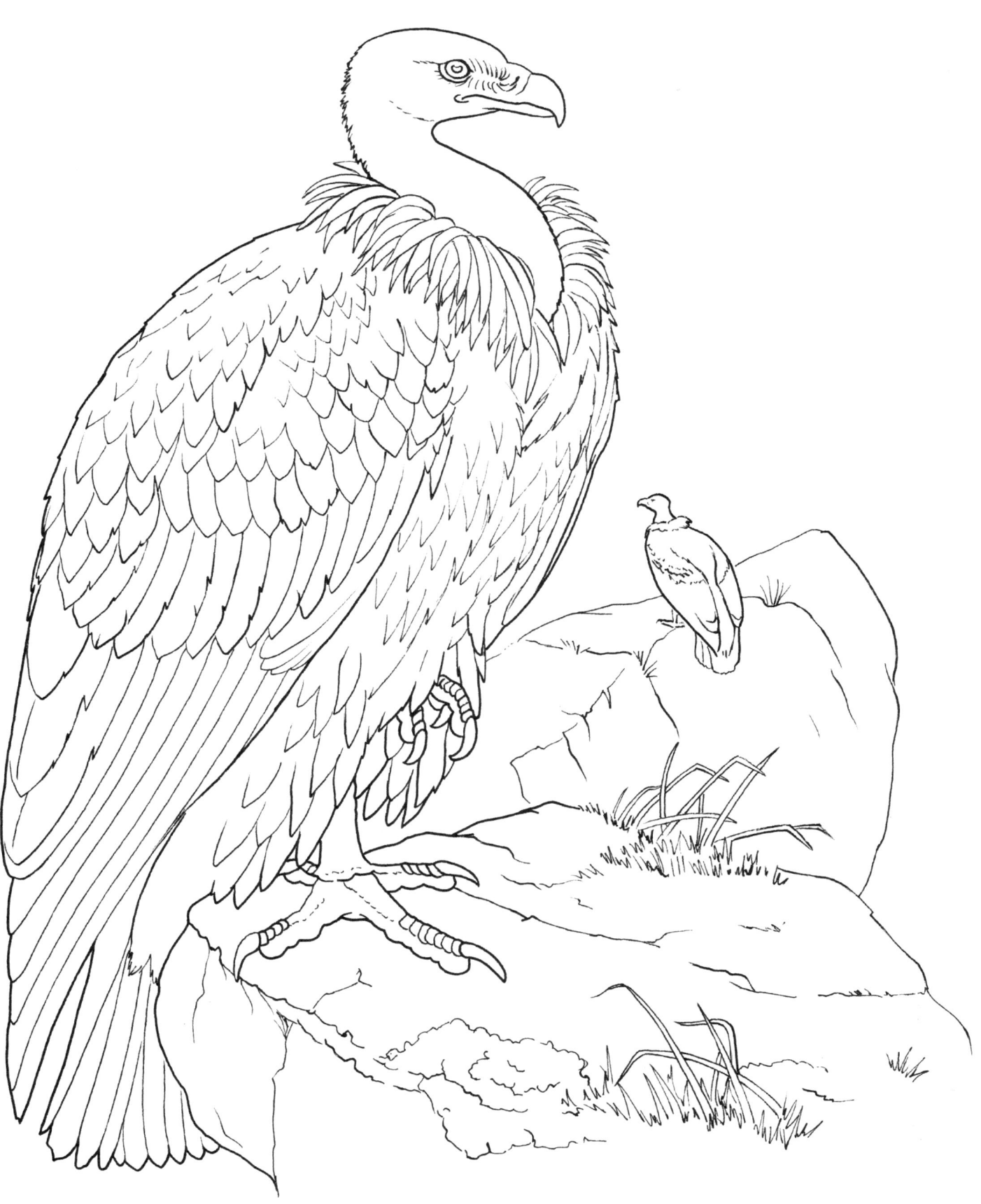

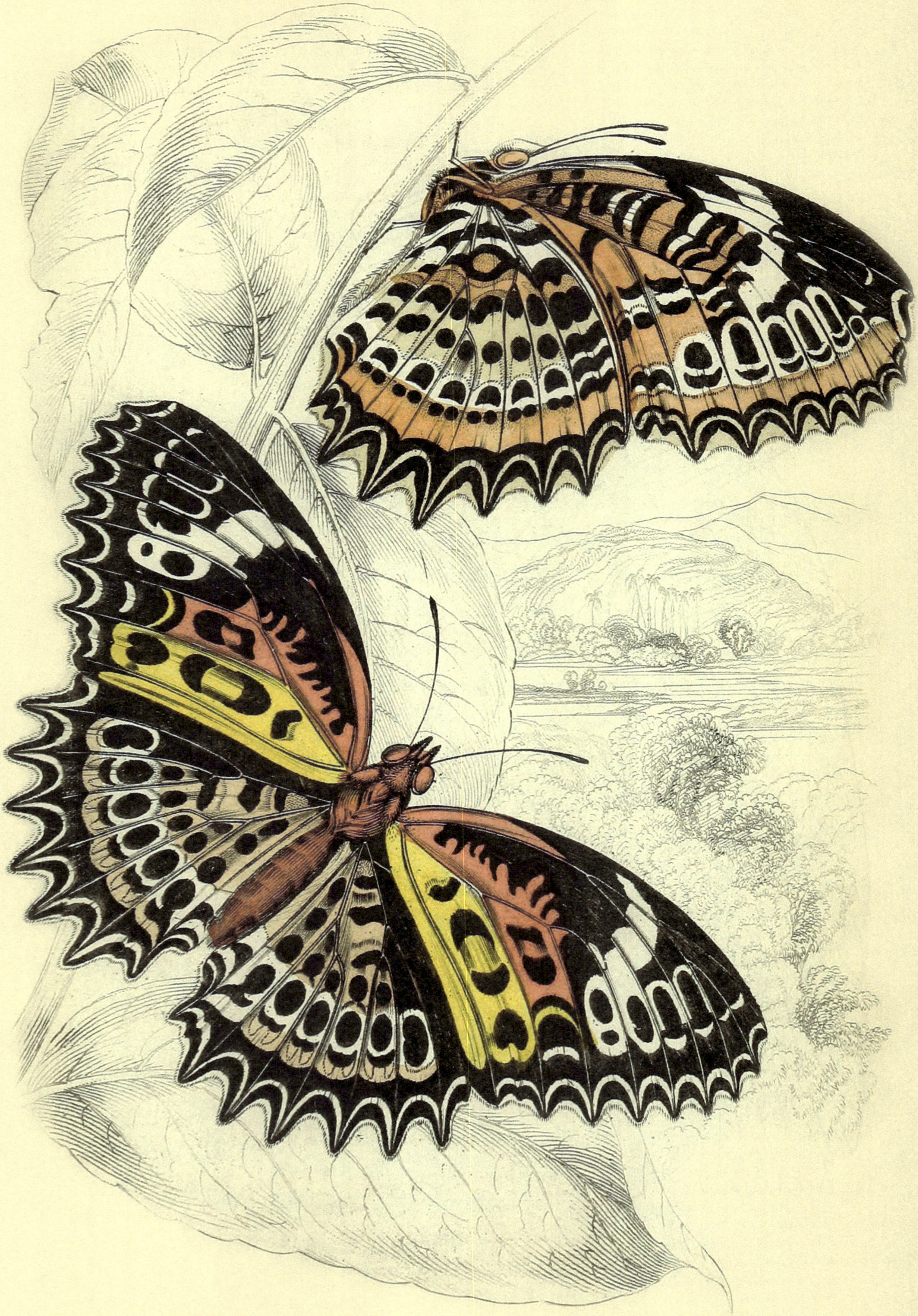

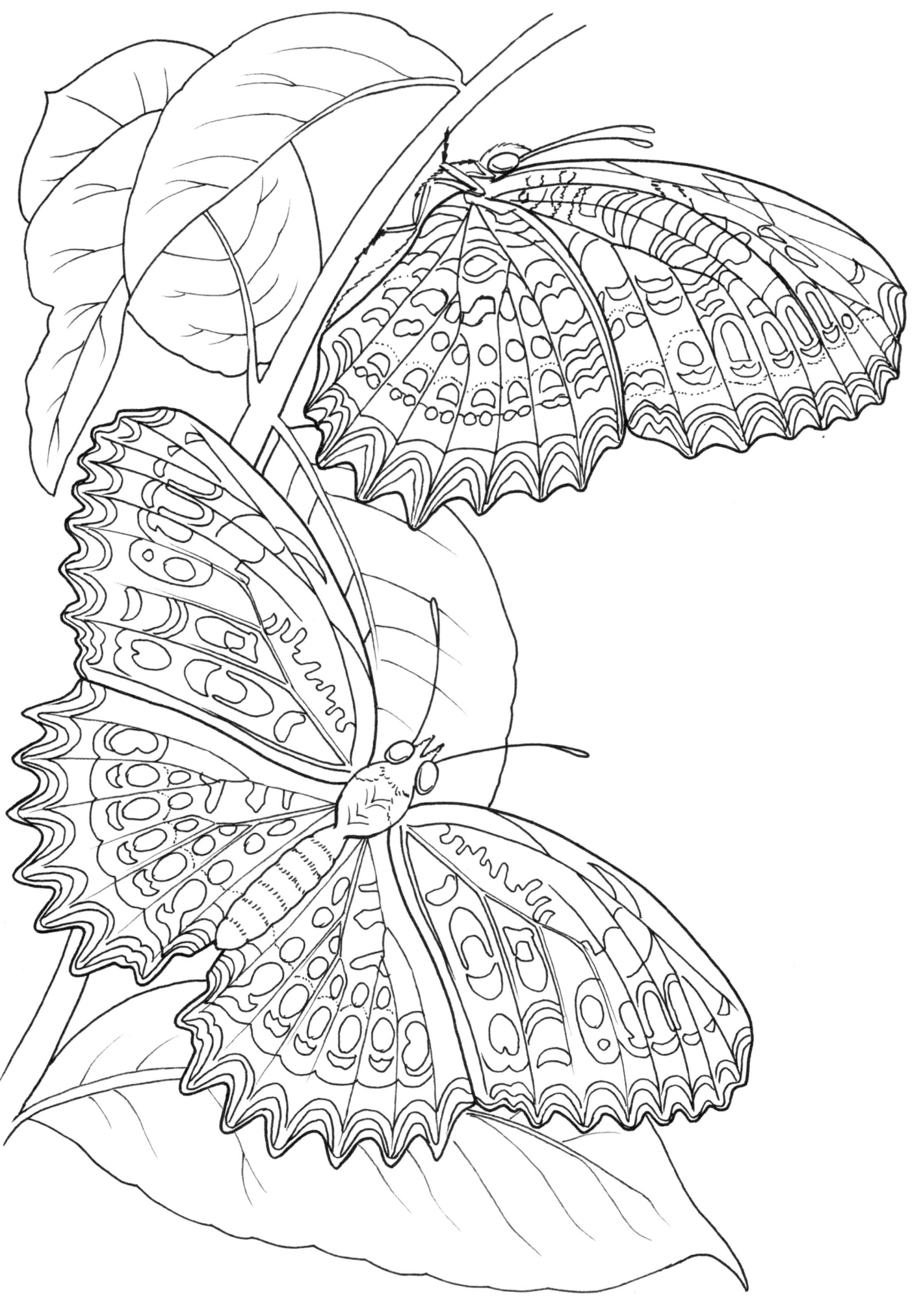

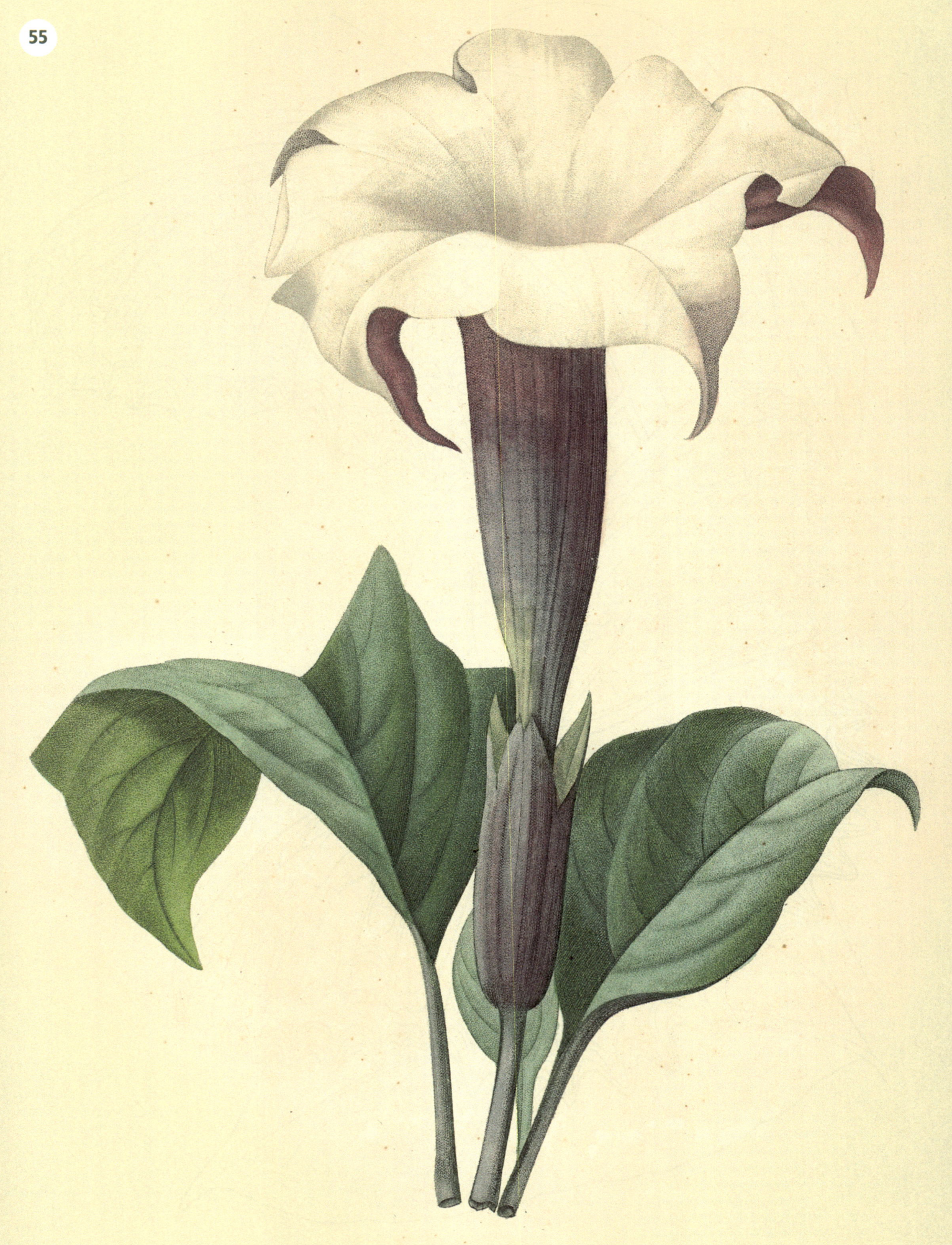

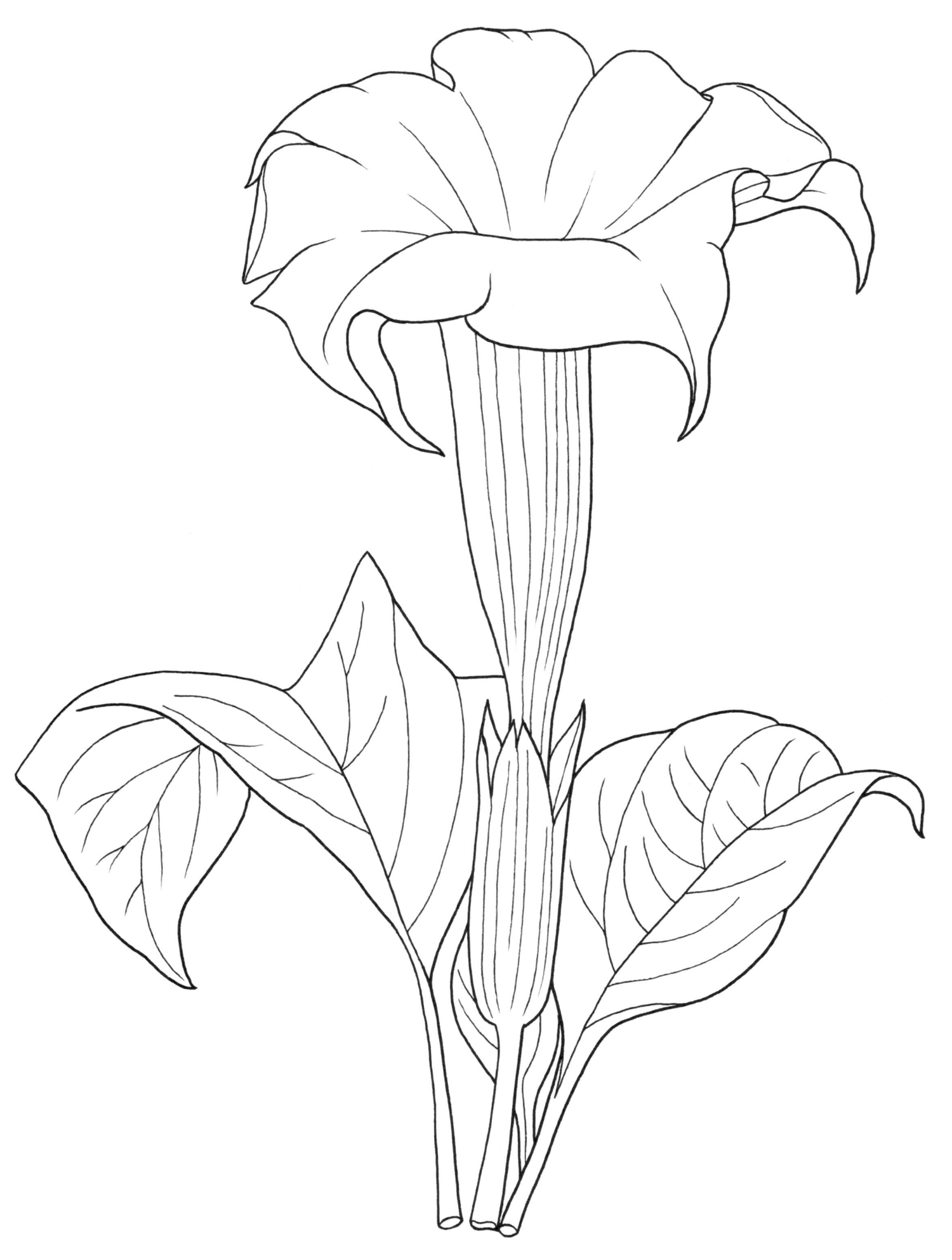

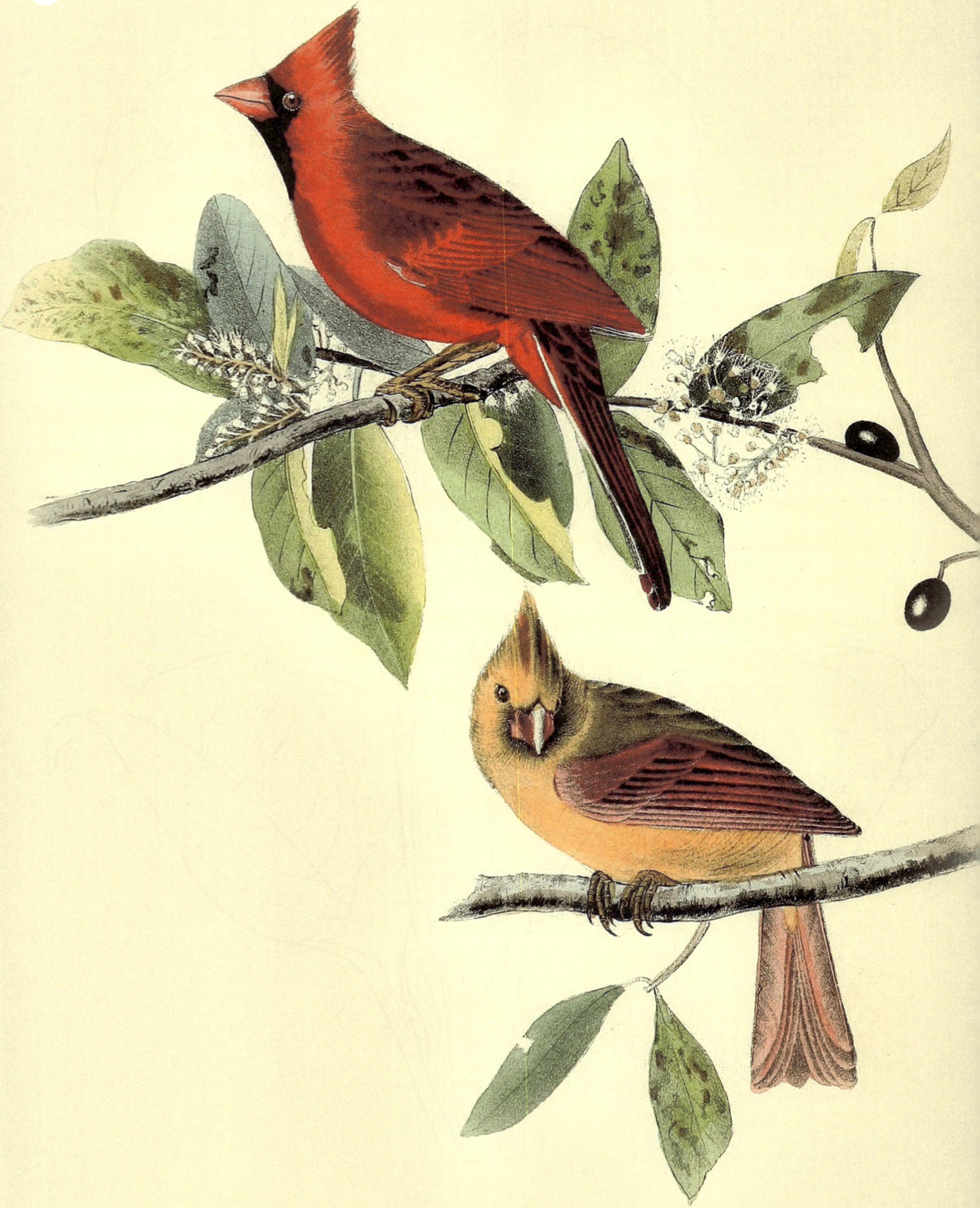

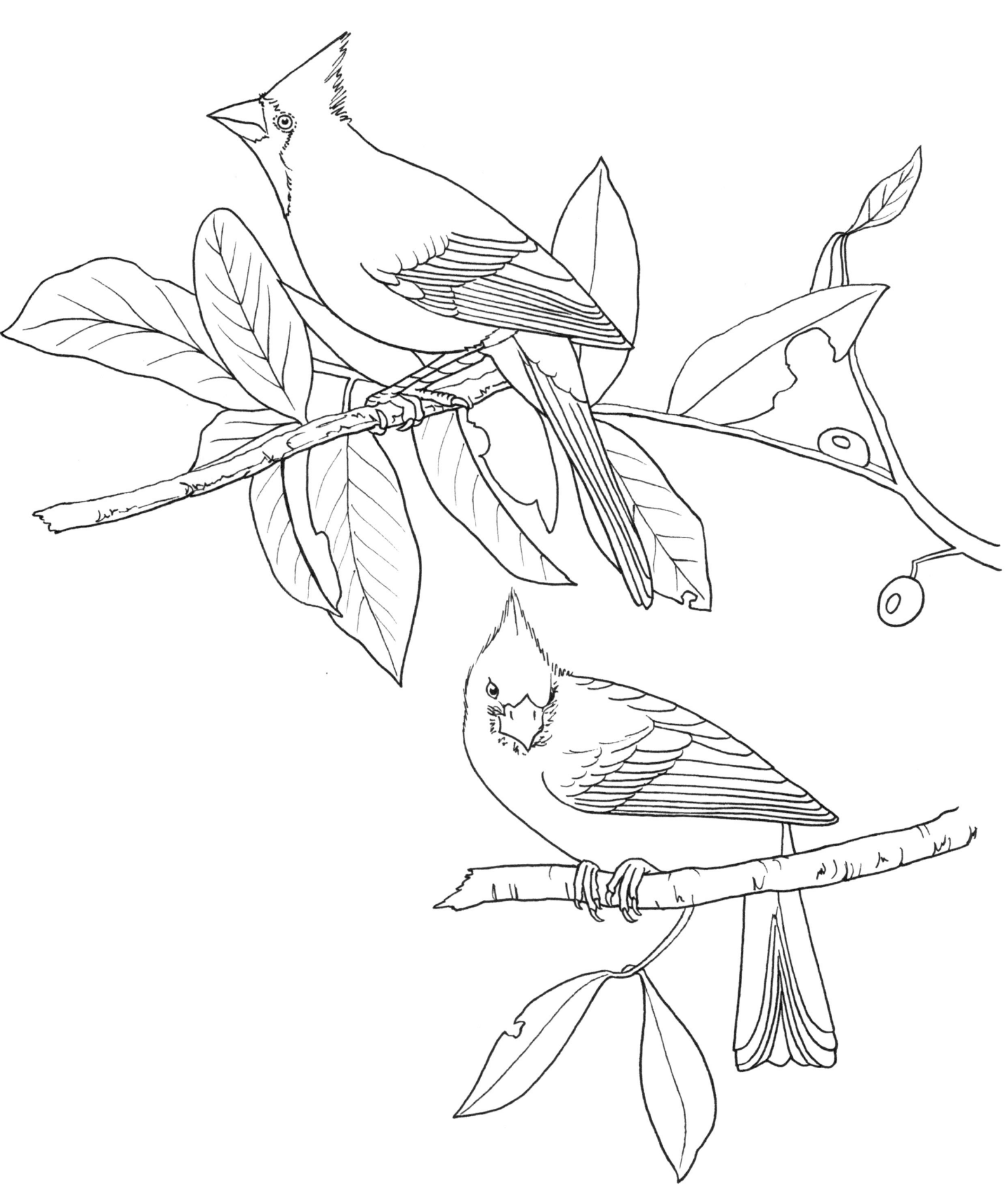

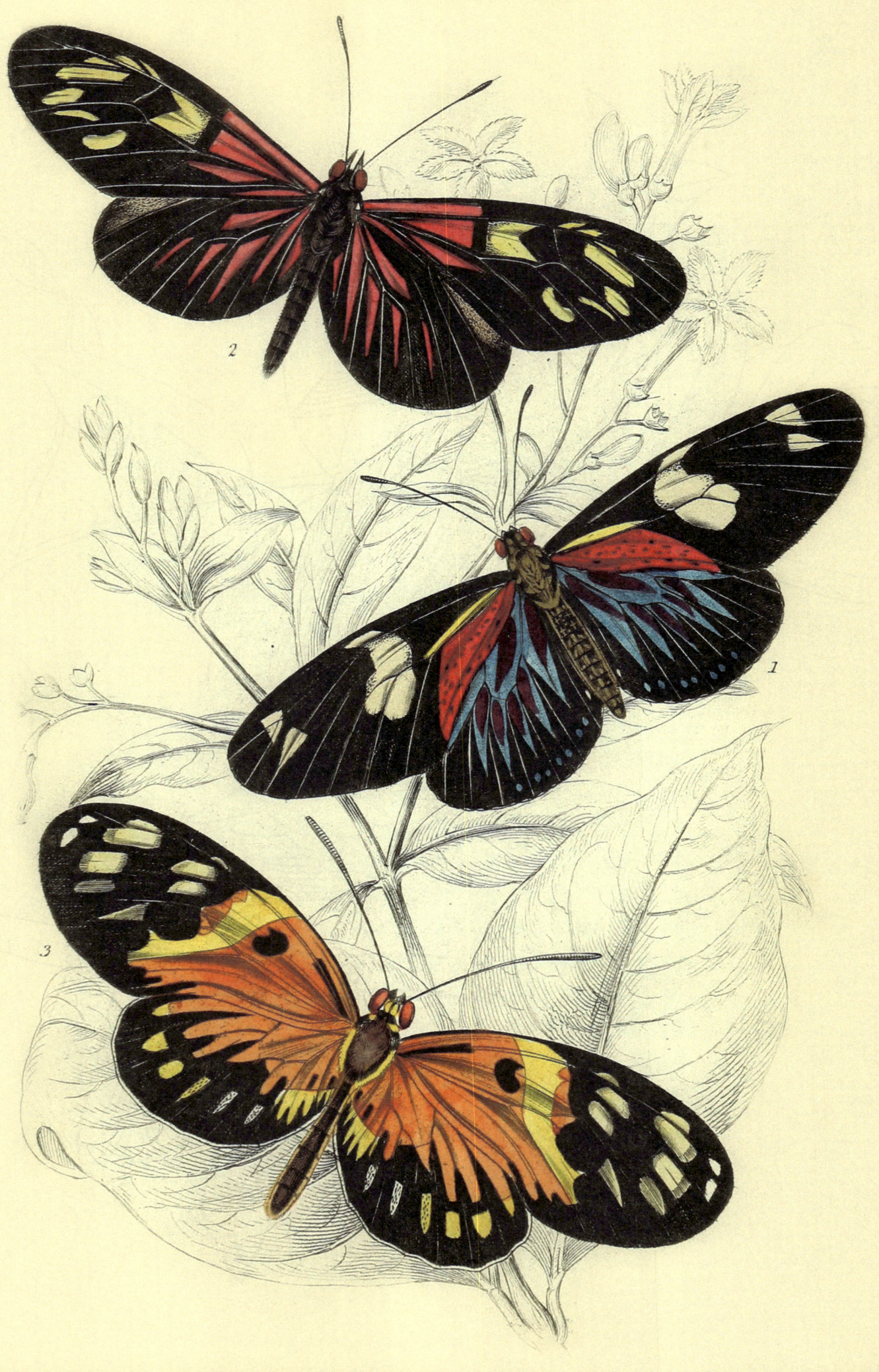

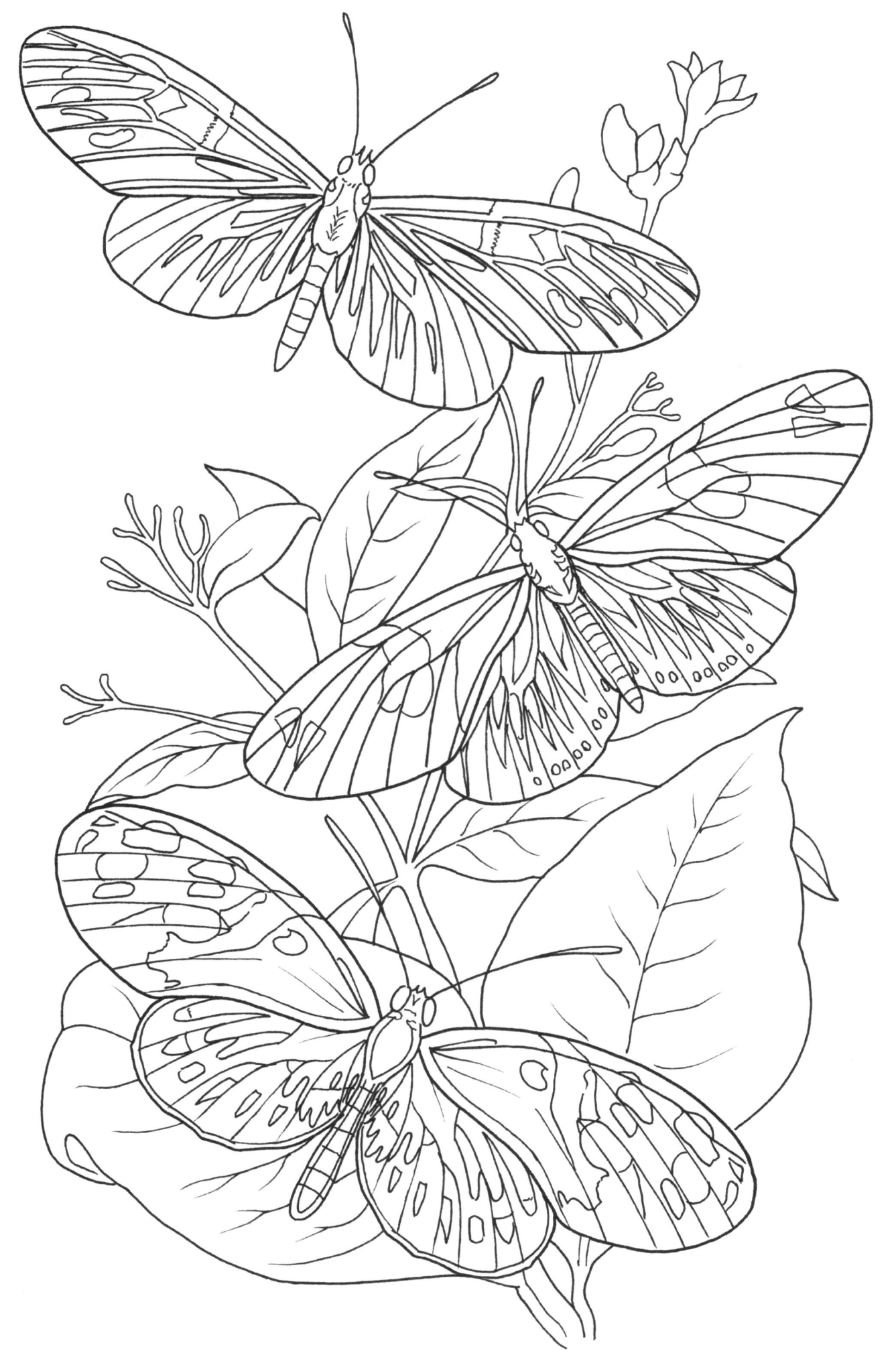

58

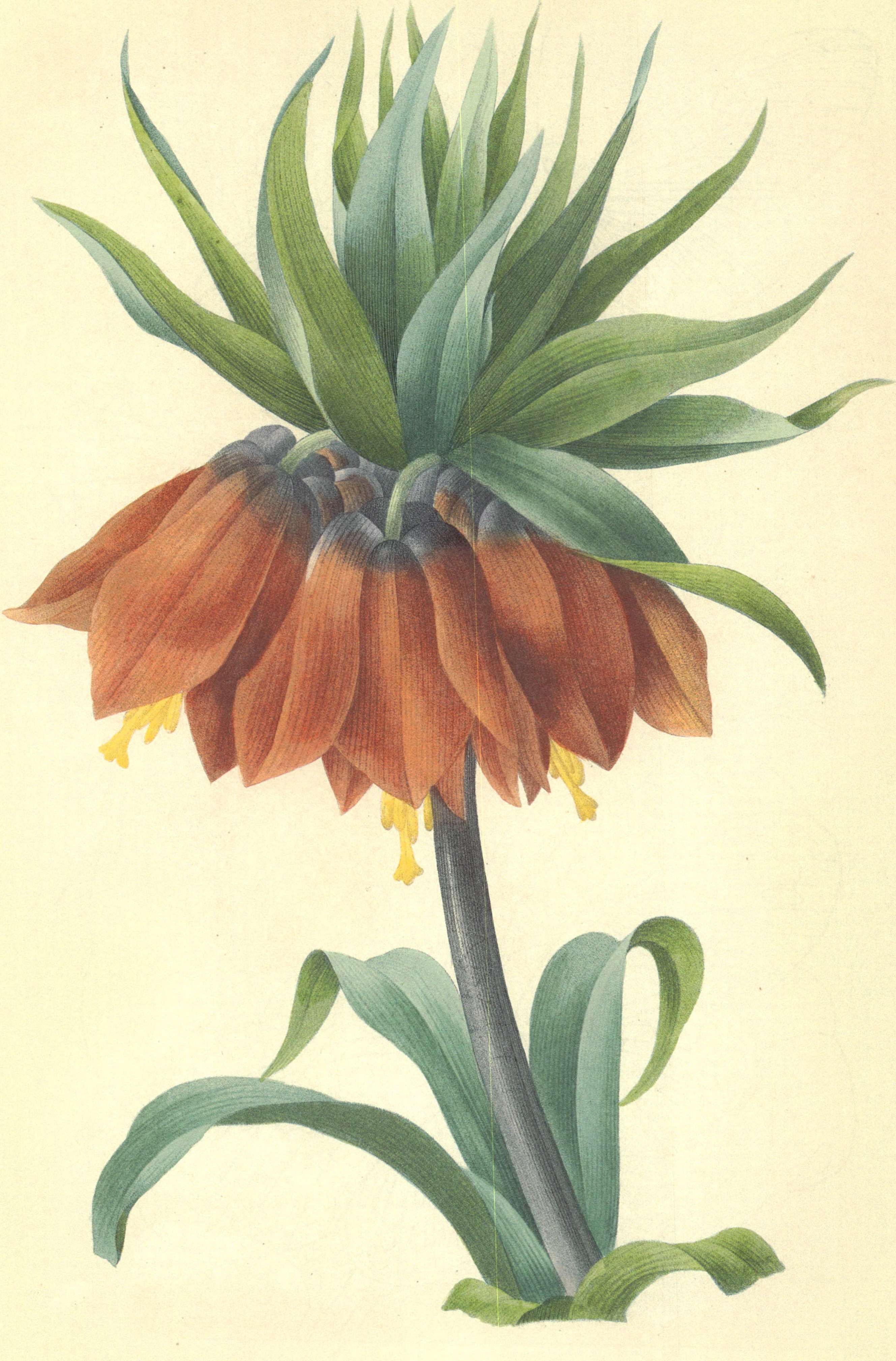

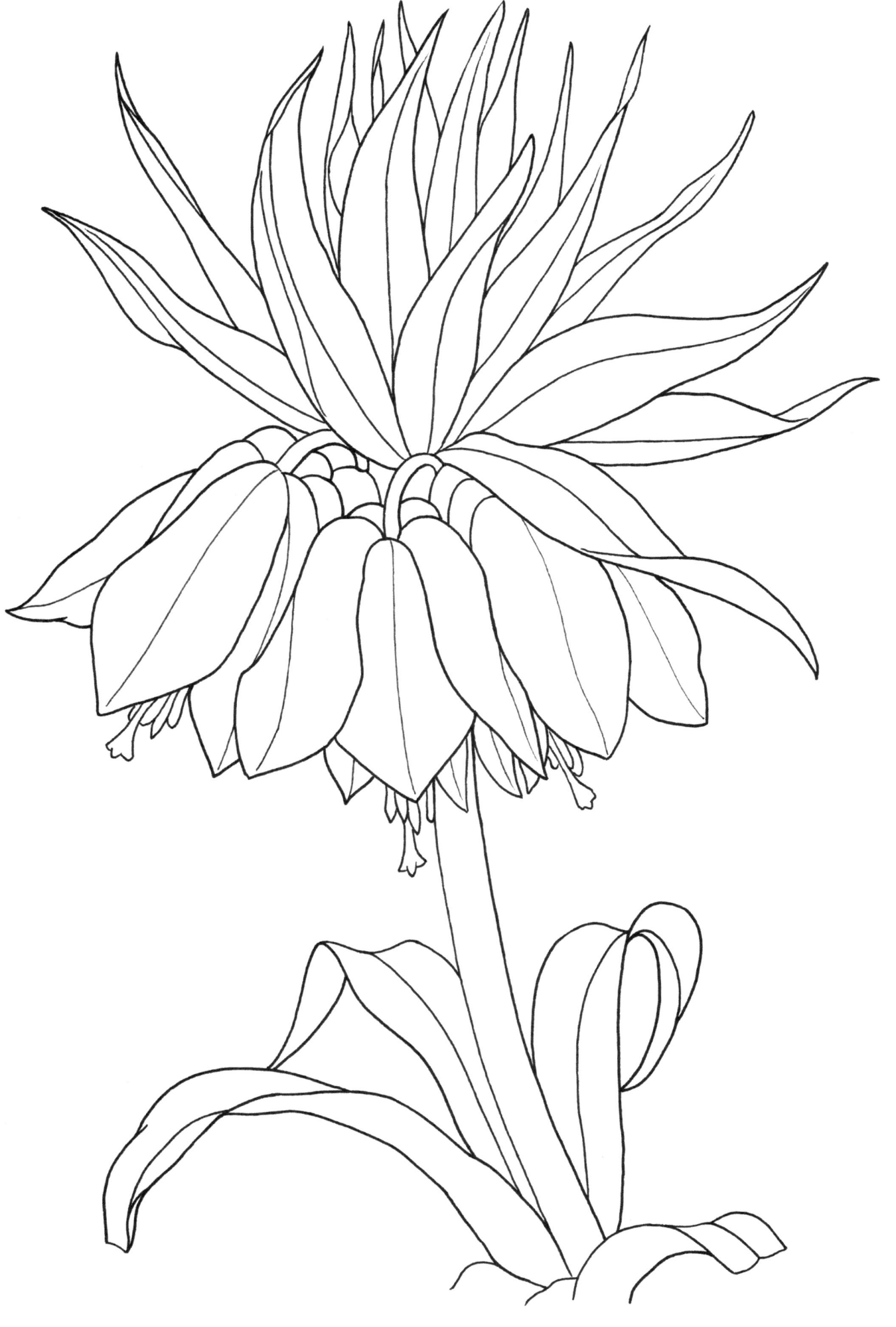

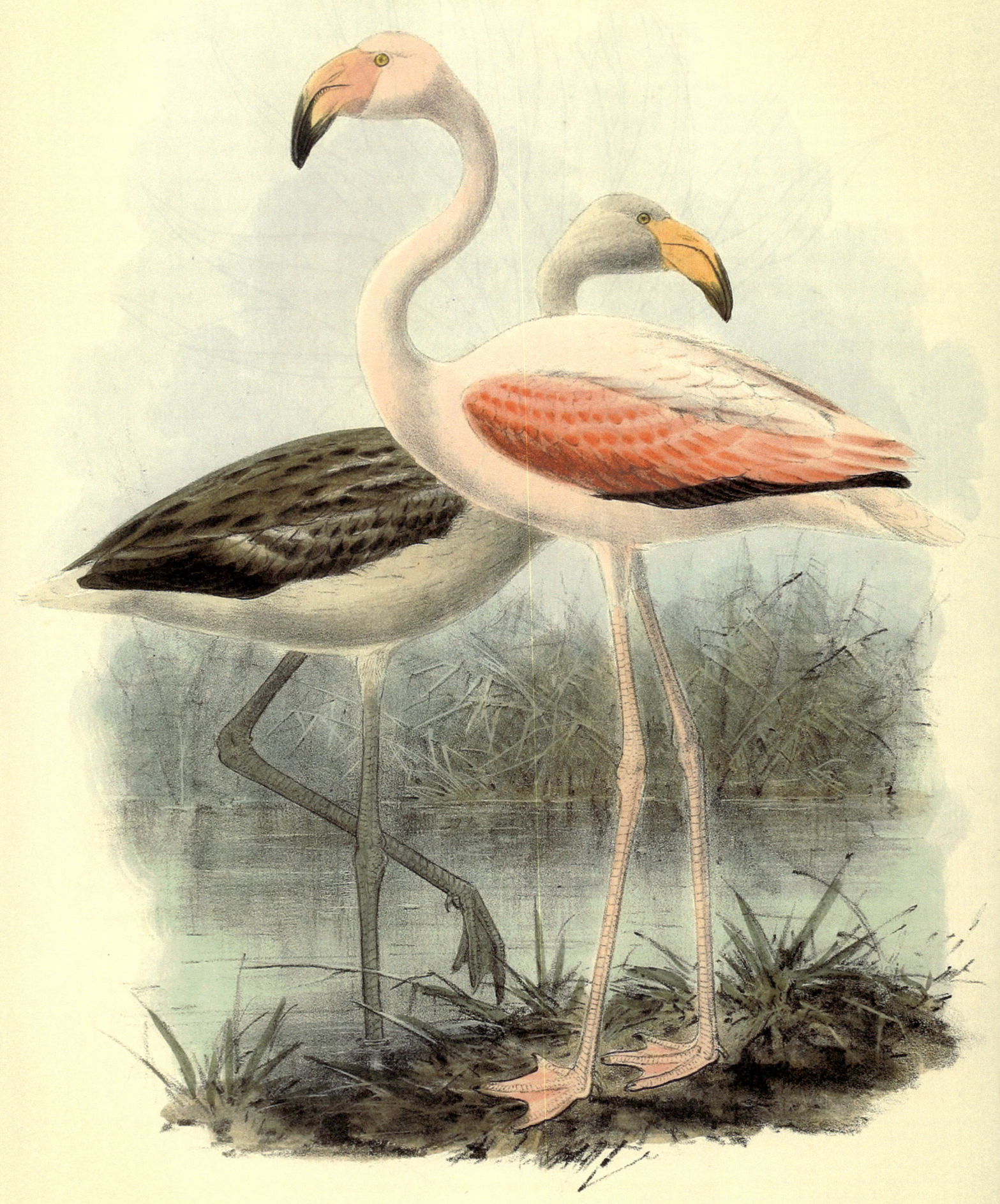

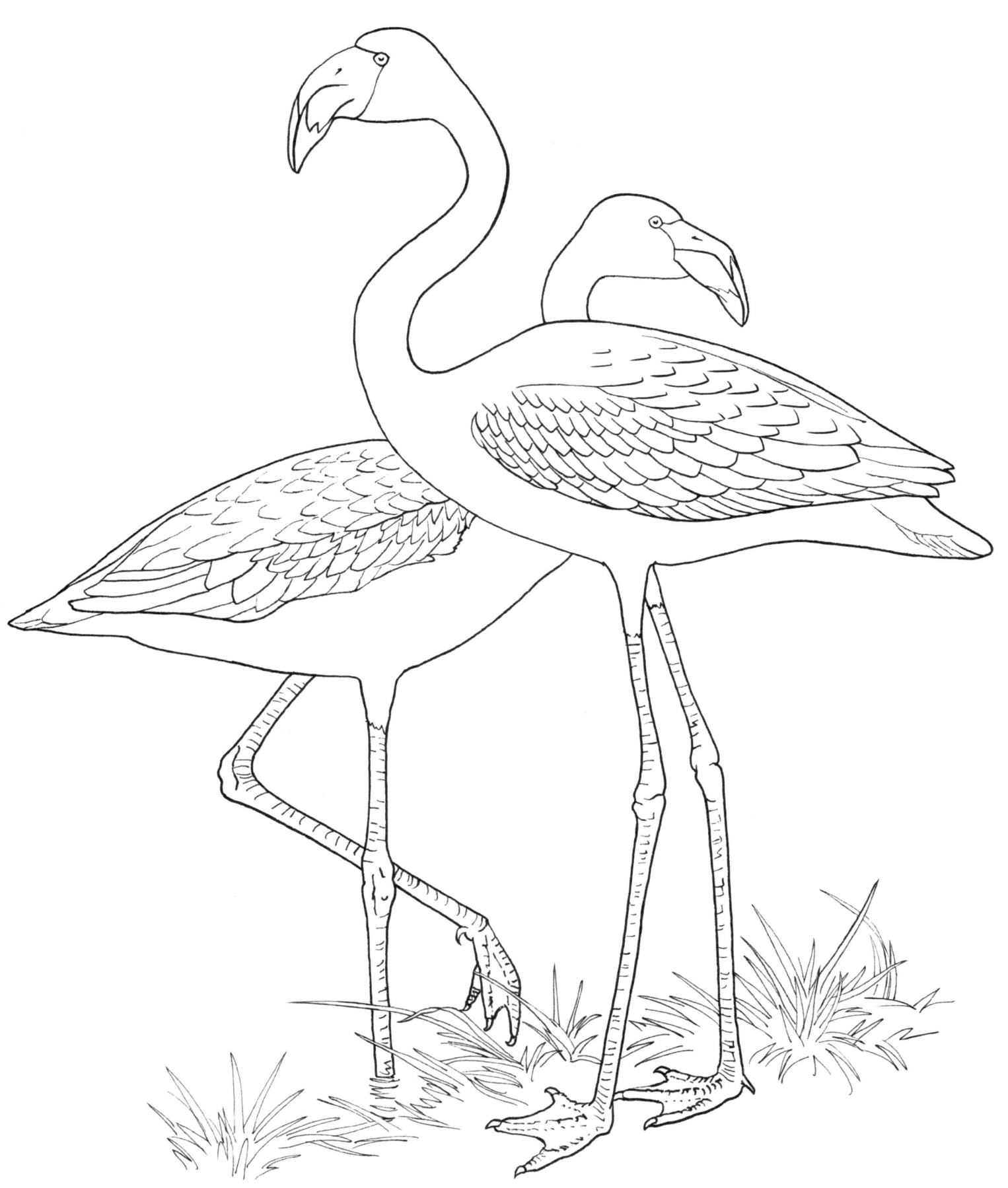

2

2

1

3

1

3

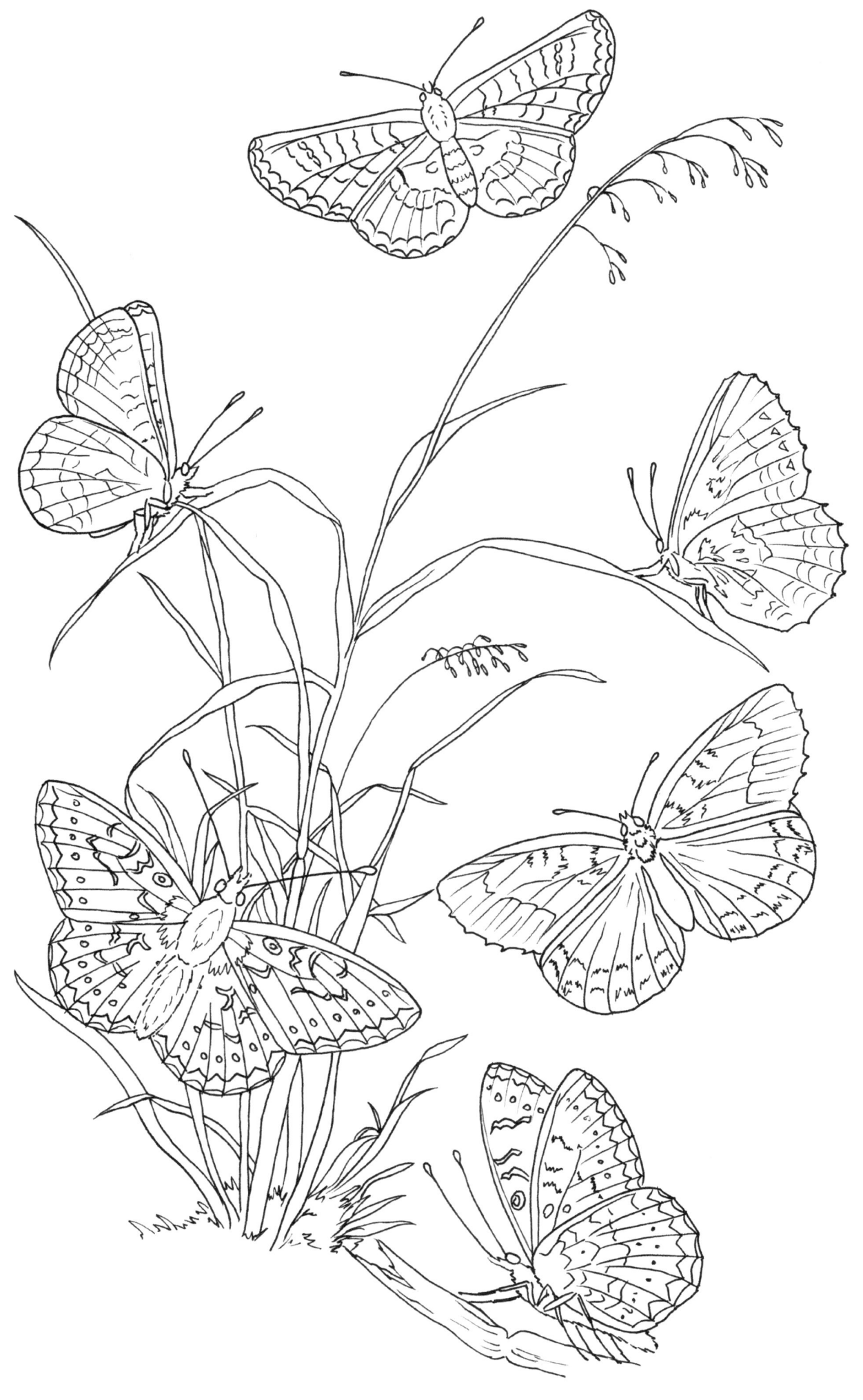